¡Mejora tu español!

~ Parte 1 ~

....

700 Ejercicios de oraciones para componer con múltiples respuestas para mejorar tu comunicación en español.
¡Aumenta tus habilidades de comunicación en el trabajo y con las personas!

MASTERCLASS INTERNATIONAL SCHOOL

ÍNDICE

CAPÍTULO I

700 EJERCICIOS DE ORACIONES PARA COMPONER CON MÚLTIPLES RESPUESTAS

1. La verdad es que en aquella pareja no había un buen rollo, por lo tanto bastaba cualquier desavenencia para que ....
   a) se durmieran en los laureles
   b) escurrieran el bulto
   c) saltaran chispas
   d) sacaran las tripas de mal año

2. Ella no deja de lamentarse de las continuas reuniones familiares, ya que en su opinión ....
   a) son agua pasada
   b) son de armas tomar
   c) no están por la labor
   d) son un tostón

3. Todo el mundo habla muy bien de las notas de Javier, pero la verdad es que .... cuando tiene que hacer los ejercicios de matemáticas.
   a) se le ve el plumero
   b) ata todos los cabos
   c) jode la marrana
   d) se apunta al carro

4. Esa pandilla .... pertenecer a la primera promoción de licenciados de la Universidad.
   a) llevaba adelante
   b) vendía salud
   c) tenía a mucha honra
   d) dejaba con la miel en los labios

5. ...., reconozcámoslo, dijo el presidente el pasado fin de semana en referencia a la reforma de los estatutos de la sociedad.
   a) Nos hemos metido en un lío
   b) Hemos cortado el bacalao

c) Hemos apretado el paso
d) Hemos conocido el percal

6. Todos .... que esta vez Marisa aprobará las oposiciones, si bien yo todavía no lo tengo nada claro.
a) ven los cielos abiertos
b) dan por hecho
c) se llevan el gato al agua
d) se frotan las manos

7. Estoy seguro de que nuestro rival .... para remontar una eliminatoria que tan difícil se le ha puesto.
a) hará de tripas corazón
b) estará a partir un piñón
c) será de armas tomar
d) saldrá a por todas

8. Todos los familiares le daban los parabienes o le felicitaban, menos su abuelo que le preguntó que para qué .... comprándose un coche de súper lujo.
a) mareaba la perdiz
b) tiraba la casa por la ventana
c) se rascaba el bolsillo
d) echaba por la calle de en medio

9. Apenas tuvimos ocasión .... porque el ambiente que se respiraba en la plaza no inspiraba mucho.
a) nos pasamos de la raya
b) nos dimos el bote
c) nos pusimos las botas
d) nos metimos en un lío

10. Ya me contarás qué hace en París ese amigo tuyo y, además, ... de que está trabajando para la empresa.
a) cayéndosele la baba
b) haciendo la pascua
c) tirándose el pegote
d) pasando por el aro

11. Siente escalofríos al pensar que puedan castigarle y que no .... para remediar su error.

a) tenga la corazonada
b) haga pie
c) vea los cielos abiertos
d) tenga agallas

12. Tras .... Javier ha decidido pasar por el quirófano, pese al intento de sanar por otra vía su hernia discal.
a) curarse en salud
b) abrírsele las puertas
c) andarse por las ramas
d) darle muchas vueltas

13. Nuestros amigos nos agasajaron con una comida típica española: jamón ibérico y tortilla para picar y, de segundo, un contundente arroz caldoso que ....
a) no pegaba ojo
b) era otro cantar
c) estaba para chuparse los dedos
d) tenía la sartén por el mango

14. .... que este presidente esté anteponiendo las reformas que necesita el país para conjurar la crisis a las necesidades electorales de su partido.
a) No es poca cosa
b) Damos por sentado
c) No es para menos
d) Es harina de otro costal

15. Me parece que lo que has hecho con tus padres dejándolos tirados, ...
a) es un mirlo blanco
b) cuesta un huevo
c) no tiene nombre
d) tiene mano izquierda

16. ¿No crees que a tu familia le .... mandando a tu padre al extranjero para el ascenso en la empresa?
a) han buscado los tres pies al gato
b) han dado calabazas
c) han hecho un flaco favor
d) han comido el coco

17. Pedro tiene esas salidas: cuando menos lo piensas, te .... y no te da la más mínima explicación.

a) hace la rosca
b) dora la píldora
c) deja plantado
d) pisa los talones

18. ¿Por qué me preguntas? ¿No acabas de decirme que te vas a meter en ese negocio ....?
a) por tu cuenta y riesgo
b) a quemarropa
c) por las buenas
d) de sopetón

19. Apenas el suegro de Miguel empezó a .... en la cena, el joven decidió abandonar la mesa.
a) quedarse corto
b) dormirse en los laureles
c) hacer de tripas corazón
d) alzar el gallo

20. ...., en estos últimos años de crispación la oposición ha dado su apoyo a casi tantas leyes como en el pasado.
a) De golpe y porrazo
b) Sin comerlo ni beberlo
c) A toda máquina
d) De lleno

21. Con tanta exportación de nuestra fruta típica parece normal, y no hay que .... por ello, que apenas encontremos alguna de calidad en nuestras mesas.
a) hacer caso omiso
b) estar a la orden del día
c) rasgarse las vestiduras
d) alzar el gallo

22. No creo que Paco .... en lo del nuevo contrato de alquiler. Y es que, después de tantos años viviendo en la casa al mismo precio, nadie se había atrevido a decirle nada.
a) dé su brazo a torcer
b) se queje de vicio

c) rompa el silencio
d) se lance a tumba abierta

23. Después del accidente la famosa actriz sabía que nunca más volvería a ser la misma, pero, a pesar de todo, sentía que era capaz de .... en los escenarios por mucho tiempo.
a) hacer de tripas corazón
b) despacharse a su gusto
c) ver los cielos abiertos
d) seguir al pie del cañón

24. Cuando parecía que Miguel se había retirado definitivamente del tabaco tras la cura de acupuntura, al menor descuido ...., y ya se fuma un paquete al día.
a) ha descubierto el pastel
b) ha vuelto a las andadas
c) ha matado la curiosidad
d) ha cedido el paso

25. Cuanto mejor me porto con ella, peor me trata. Está visto y comprobado que eso de .... no vale la pena.
a) beber los vientos por alguien
b) buscar las cosquillas a alguien
c) tomar la delantera a alguien
d) tender un cable a alguien

26. A pesar de que ha empezado a trabajar en un banco inmediatamente después de haber acabado la carrera, el director está seguro de que sabrá .... y no se le notará la falta de experiencia.
a) levantar cabeza
b) poner el dedo en la llaga
c) apañárselas
d) ponerse morado

27. Antes de aceptar una plaza en el extranjero, deberías .... de la situación social y política actual en la que se encuentra el país.
a) ponerte al corriente
b) salir adelante
c) salir al paso

d) hacer el vacío

28. Si esa profesora no .... de una vez por todas, los alumnos seguirán haciendo cada vez más lo que les viene en gana.
 a) queda bien parada
 b) hace época
 c) se pone en su sitio
 d) asoma las narices
29. El raor o lorito es un pescadito del Mediterráneo que se puede preparar de dos formas, ... o en fritura tras embadurnarlo con un liviano rebozo.
 a) en su tinta
 b) a la pimienta
 c) al ajillo
 d) a la plancha

30. De cara a la campaña de vendimia, habrá emigrantes .... que se apresuren a agilizar los trámites para obtener el permiso de trabajo y poder emplearse en el campo.
 a) a punta de pala
 b) en un santiamén
 c) a bocajarro
 d) de carretilla

31. Si se habla de política, a todos .... sentenciando que lo que falta en España es voluntad política para resolver los problemas.
 a) se nos hinchan las narices
 b) se nos arruga el ombligo
 c) se nos llena la boca
 d) se nos ponen los pelos de punta

32. No me extraña que Juan .... Desde que llegamos al restaurante no ha dejado de beber y comer y, para colmo, se ha tomado tres postres.
 a) esté que revienta
 b) esté que trina
 c) esté negro
 d) esté mosqueado

33. Cuando la intérprete empezó a leer la traducción del euskera entre titubeos, ... los abogados de la defensa clamaron contra su supuesta incapacidad.
    a) a mares
    b) de momento
    c) de hoz y coz
    d) al momento

34. Varios expertos consultados consideran que la nueva serie de televisión .... al pensar que causará confusión sobre la energía solar.
    a) tendrá más espolones que un gallo
    b) pasará a cuchillo
    c) pagará los vidrios rotos
    d) traerá cola

35. Tuvimos que .... a nuestro compadre porque si no lo hubiéramos hecho, habría acabado con nuestros pocos ahorros.
    a) molerle los huesos
    b) echarle un cable
    c) mirarle la peseta
    d) pararle el carro

36. A la mínima reacción de ese conocido político se le atribuye un valor que no tiene: en su última aparición en televisión .... y pinchó cada una de sus reacciones sin venir a cuento.
    a) tuvo buena prensa
    b) no perdió comba
    c) dio carpetazo
    d) salvó las apariencias

37. La DGT (Dirección General de Tráfico) suele .... durante las vacaciones una campaña especial de la velocidad en las carreteras, con el fin de reducir el número de accidentes.
    a) poner en marcha
    b) hacer tabla rasa
    c) poner de vuelta y media
    d) traer a capítulo

38. Hace ya algunos meses que Dolores empezó la dieta para adelgazar. Si la encuentras, seguramente no la vas a reconocer porque ....
    a) se ha quedado en el chasis
    b) no se anda con chiquitas
    c) a lo hecho, pecho
    d) es más lista que el hambre

39. Pues no se encuentra todos los días una chica así. Desde luego .... Tienes más suerte de la que te mereces.
    a) es la monda
    b) es muy suya
    c) es de lo que no hay
    d) está en misa y repicando

40. Como nuestro equipo le lleva una considerable ventaja al segundo, últimamente se le nota que está ...., y no es el mismo de antes.
    a) echando el resto
    b) aflojando las riendas
    c) rompiendo el hielo
    d) cerrando filas

41. Muchos expertos afirman .... que las protestas de los indignados en España influyó, sobre todo en las formas de movilización de los estudiantes de otros países.
    a) a destajo
    b) a ciencia cierta
    c) de corrido
    d) de órdago

42. He tenido que .... para que me aceptaran la solicitud en el Ministerio. Menos mal que a través de unos contactos se ha podido resolver todo.
    a) tener el santo de espaldas
    b) llamar a la puerta
    c) echar un ojo
    d) mover Roma con Santiago

43. Aquí se ve que no se llega a ninguna conclusión. Por lo tanto, lo mejor será ....
    a) pegar la hebra

b) dar palos de ciego
c) hacer agua
d) coger carretera y manta

44. Aunque el equipo español parecía que .... durante la primera parte del partido, en realidad todo fue un espejismo, ya que al final superó netamente al rival.
a) hacía un flaco servicio
b) montaba un número
c) iba al matadero
d) se despachaba a su gusto

45. Raquel no debería seguir tolerando los continuos desplantes. Es más, ya es hora de que aclare .... cuál es su papel en el negocio que les dejó su padre.
a) a destajo
b) de una vez por todas
c) en el fondo
d) por libre

46. La joven extranjera, ..., se dirigió a una de las ventanillas de la estación para que le devolvieran el importe del billete por el retraso de más de una hora que había tenido el tren.
a) a diestro y siniestro
b) ni corta ni perezosa
c) a cientos
d) a cal y canto

47. Después de las continuas riñas entre las dos familias, han sido precisamente los respectivos hijos menores los que han tratado de .... para que las aguas vuelvan a su cauce.
a) nadar y guardar la ropa
b) irse a tomar viento
c) tender puentes
d) rascarse el bolsillo

48. Curiosamente ha sido un club con una difícil situación económica el que ha hecho .... con el fichaje del famoso jugador brasileño.
a) salir a flote
b) escurrir el bulto

c) templar gaitas
d) saltar la banca

49. Según algunos enólogos y sumilleres es significativo el número de mujeres que .... desde la viña a la mesa: muchos de los vinos denominados clásicos son elaborados por mujeres y nadie lo sabe.
a) están al pie del cañón
b) pagan los vidrios rotos
c) están a partir un riñón
d) dan la cara

50. Si el encargado del bar no pone más interés y deja de discutir con los clientes, ese negocio ....
a) perderá los papeles
b) se irá al traste
c) no dará pie con bola
d) traerá cola

51. Que la buena relación que mantenían los vecinos de esa comunidad se ha erosionado ...., confirmado incluso por el presidente de la misma.
a) es un secreto a voces
b) es otro cantar
c) no pega ni con cola
d) saca las castañas del fuego

52. .... ver a ese viejo grupo en directo, una grandísima pequeña banda que no hizo historia, pero nos hizo revivir.
a) Tendrá correa
b) Será un bombazo
c) Tendrá trastienda
d) Pasará por el aro

53. En esa extraña comedia se narra la historia de un hombre qua acaba de morir y está en proceso de reencarnarse, para lo cual debe despojarse de todo cuanto fue, incluso de su más valioso recuerdo: un amor ....
a) de pacotilla
b) a rajatabla
c) de aúpa
d) de refilón

54. Por más que me he esforzado en hacer ese ejercicio, no he conseguido .... Se ve que las matemáticas no son lo mío.
   a) escurrir el bulto
   b) dar con la tecla
   c) dorarle la píldora
   d) echarlo en saco roto

55. El ministro de Fomento ha asegurado que defenderá .... al alcalde que presente una candidatura para acoger el almacén de residuos nucleares.
   a) a quemarropa
   b) al detalle
   c) a partir un riñón
   d) a diestro y siniestro

56. Parece que hoy todo me va a .... Salgo de casa y me encuentro un billete de veinte euros y, poco después, me comunican que me han concedido la beca para estudiar durante un año en el extranjero.
   a) hacer la pascua
   b) pagar el pato
   c) marear la perdiz
   d) salir redondo

57. López nunca aceptó tomarse un descanso. Solía decir que si .... temporal, perdía el trabajo y, por otra parte, no quería estar una temporada cobrando solo el 75% del salario.
   a) se daba de baja
   b) hacía causa común
   c) brillaba por su ausencia
   d) pasaba a la historia

58. Habría que enseñar ética en las escuelas. Mucha gente .... del comportamiento de algunos jóvenes en la sociedad actual.
   a) está que se sale
   b) vive al día
   c) está hasta el gorro
   d) entona el alirón

59. – ¿Te has puesto a pensar en lo que te dije de hacer un máster en los Estados Unidos?
   – Sí, pero ahora .... Habrá que dejarlo para tiempos mejores.
   a) estoy que me salgo
   b) estoy de más
   c) tomo la delantera
   d) estoy a la cuarta pregunta

60. La continua tensión en el sector del turismo va a traer cola y, si alguien no mete manos en el asunto, esto puede ....
   a) romper el hielo
   b) acabar como el rosario de la aurora
   c) pegar la hebra
   d) dar la callada por respuesta

61. Los sindicatos .... al Gobierno por el alto nivel de paro y están estudiando medidas de movilización social para expresar su malestar.
   a) han dorado la píldora
   b) se han quejado de vicio
   c) se han tirado al monte
   d) han arrojado el guante

62. Cada vez que le he pedido un favor a Marcos me .... Espero, de ahora en adelante, saber a quién dirigirme en caso de necesidad.
   a) ha cargado con el mochuelo
   b) ha pasado por el aro
   c) ha dado largas
   d) ha pagado el pato

63. Marisa se casó .... con un hombre treinta años mayor que ella, a pesar de la oposición de algunos miembros de su familia.
   a) a quemarropa
   b) contra viento y marea
   c) de punta en blanco
   d) con cuentagotas

64. Si no ...., seguirás teniendo los mismos problemas que hasta ahora sin visos de cambio.
   a) ves el cielo abierto

b) le das a la lengua
c) das un paso adelante
d) haces el primo

65. Como la niña ...., apenas pudimos saber lo que sucedió durante el recreo con sus compañeras en el instituto.
a) se cerró en banda
b) mareó la perdiz
c) se tiró al monte
d) se cogió los dedos

66. La representación española iba encabezada por Juan Álvarez, persona que nunca .... y que siempre ha dejado en buen lugar a los suyos.
a) ha puesto las peras a cuarto
b) se ha encogido de hombros
c) ha hincado el diente
d) ha tenido una salida de tono

67. Nuestro equipo .... a los jugadores del rival, casi todos de dos metros de altura y capaces de tumbar a los nuestros solo con el rebufo.
a) traía por la calle de la amargura
b) echaba chispas
c) no soltaba prenda
d) hacía la cama

68. La llamada del ministro de Educación, Cultura y Deporte ...., pues se está trabajando a fondo en el Ministerio para que no se escapen jóvenes investigadores del país.
a) ha tirado la casa por la ventana
b) ha caído en saco roto
c) ha entonado el alirón
d) ha hecho hincapié

69. Los facultativos del SAMUR (Servicio de Asistencia Municipal de Urgencia y Rescate) .... para estabilizar en el mismo lugar al accidentado, y lo trasladaron en un santiamén al hospital, donde permaneció sedado y con ventilación asistida.
a) se la dieron con queso
b) armaron un Cristo

c) cayeron en gracia
d) tuvieron buenas manos

70. Fui a llevarle expresamente los apuntes a Antonio y, ..., me dijo que no le hacían falta.
a) a destajo
b) en un santiamén
c) para más inri
d) a quemarropa

71. Ella es una mujer que resuelve sus dilemas ...., sin tomarse el tiempo que determinadas situaciones requieren.
a) por las bravas
b) de gorra
c) en vano
d) a las tantas

72. Como Isabel sostenía que lo que decía su madre ...., nadie se atrevía a inmiscuirse en sus asuntos.
a) iba a misa
b) hacía de tripas corazón
c) era otro cantar
d) tenía agallas

73. Alberto sigue .... los pasos de su padre que, además de dirigir una fábrica, desde hace años coordina la planta que elabora neumáticos para camiones.
a) a bombo y platillo
b) en sus trece
c) al pie de la letra
d) a ciencia cierta

74. Casi todos los partidos esperan .... a la modificación de la Ordenanza de Civismo antes de que llegue el verano.
a) darle el visto bueno
b) marear la perdiz
c) rizar el rizo
d) dar crédito

75. Tras las insensatas declaraciones del ministro sobre los pensionistas en televisión, la gente se le ha echado encima ....
    a) dándole calabazas
    b) poniéndole a caer de un burro
    c) tirando la casa por la ventana
    d) calentándole la cabeza

76. Actualmente con el precio de la gasolina alto y fluctuante y los consumidores en busca de alternativas, el mercado global de la bicicleta ....
    a) está yendo a pique
    b) está llegando a mayores
    c) está subiendo como la espuma
    d) está besando el suelo

77. Coincidimos en el médico con un amigo biólogo, que nos comentó que el boquerón estaba desapareciendo .... en la franja mediterránea.
    a) a quemarropa
    b) al por mayor
    c) a ojos vistas
    d) en un periquete

78. Para poder mantenerse en la categoría nuestro equipo necesitaba un punto .... en su último partido.
    a) de todas todas
    b) de refilón
    c) en seco
    d) a rajatabla

79. Como no deja de entrenarse a diario, sale .... aun los días más gélidos del año.
    a) a la buena de Dios
    b) a cuerpo limpio
    c) a salto de mata
    d) de punta en blanco

80. La euforia científica, comercial y mediática se desató cuando se empezó a hablar del gen de la longevidad y se inició la comercialización de cremas anti-edad con resveratrol, una sustancia presente en el vino que, ..., activaba la producción de sirtuinas.

a) a la larga
b) en teoría
c) de buenas a primeras
d) a borbotones

81. .... un disparo de fogueo del delantero centro, el primer tiempo del partido transcurrió sin ton ni son aburriendo a los espectadores.
a) Gracias a
b) A la caza de
c) A ras de
d) Amén de

82. Basta que a Fernando le digas cuatro verdades, para que ...., y no te vuelva a dirigir la palabra.
a) se salga por la tangente
b) se suba a la parra
c) se ande por las ramas
d) nade y guarde la ropa

83. Como en la próxima cena de familia se escucharán comentarios de todo tipo sobre el nuevo divorcio de Dolores, lo mejor será ...., y que todo transcurra del modo más agradable posible.
a) morderse los labios
b) arrimar el hombro
c) no probar bocado
d) pintar bastos

84. El uso de las redes sociales aumenta considerablemente el tiempo que los jóvenes pasan en Internet, pues .... 45% de los que tienen perfil Tuenti y/o Facebook pasa de dos horas o más navegando los fines de semana.
a) a ras de
b) en torno al
c) a nivel de
d) a remolque del

85. Según algunos testigos el autor del tiroteo disparó por sorpresa a las víctimas sin ....
a) arrimar el ascua a su sardina
b) devanarse los sesos

c) mediar palabra
d) sudar sangre

86. No te parece que ya va siendo hora de que .... si quieres conseguir aprobar un curso tan difícil como el de telecomunicaciones.
a) te pongas el mundo por montera
b) presentes tus respetos
c) te lleves el gato al agua
d) te pongas manos a la obra

87. Un joven fue cogido .... por las cámaras de seguridad del establecimiento comiéndose un producto y dirigiéndose, después de engullirlo, a la salida sin pagar.
a) de tres al cuarto
b) con las manos en la masa
c) a la larga
d) a más no poder

88. Su padre le .... para que se construyera la casa como le viniera en gana.
a) dio carta blanca
b) hizo de tripas corazón
c) puso en un brete
d) hizo el vacío

89. Muchos de los profesionales del libro que acudieron a la feria no podían creer que no estuviera .... descalabro ante la presencia de dispositivos de lectura digital y de e-books.
a) a ras del
b) frente al
c) de cara al
d) en vías del

90. Son muchos los países que defienden .... la inclusión de la abolición de la pena de muerte en todos los tratados multilaterales, y que colaboran activamente con los organismos internacionales que promueven campañas contra la pena capital.
a) al dedillo
b) de cajón

c) a ciencia cierta
d) a rajatabla

91. ¿Cómo vas a conseguir sacar esa plaza si te pasas todo el día ....?
a) haciendo de tripas corazón
b) rascándote la barriga
c) apeándote del burro
d) dando la callada por respuesta

92. La beca que Pedro ha conseguido para este nuevo curso es un importante revulsivo. No obstante, aun así, no le será fácil .... al trabajo y a los estudios al mismo tiempo.
a) echar rayos
b) irse a tierra
c) dar la cara
d) hacer frente

93. Una de las claves de la película *El cisne negro* es que a la protagonista principal le .... con oficio un buen reparto de actores secundarios.
a) guarda las formas
b) cubre las espaldas
c) lleva la voz cantante
d) saca de sus casillas

94. Ella estaba plenamente a disposición de todos sus allegados, si, ..., ninguno entraba en detalles sobre su delicada salud.
a) por cierto
b) en falso
c) por lo regular
d) de hoz y coz

95. Si no es porque Julián es de los que suelen ...., nos hubiéramos quedado sin gasolina a mitad de camino.
a) salirse por la tangente
b) dar sopas con honda
c) campar por sus respetos
d) estar al quite

96. Será difícil que a estas horas nos pongan algo de comer en algún restaurante, ..., por intentarlo que no quede.
    a) a ciencia cierta
    b) por los cuatro costados
    c) a cuerpo limpio
    d) de todas formas

97. El conocido ex banquero .... en sus declaraciones a una emisora local. Ni sus más fieles colaboradores se salvaron de la quema.
    a) no dejó títere con cuerda
    b) se salió por la tangente
    c) no se dio por enterado
    d) se subió a la parra

98. Solo nos faltaría que tuviésemos que pagar también nosotros los daños del coche. Esto ....
    a) sabría a gloria
    b) estaría hasta el gorro
    c) estaría en la onda
    d) sería la hostia

99. Los ingresos que ha tenido Juan este verano ...., por lo tanto, solo le queda seguir trabajando si quiere terminar la carrera.
    a) son habas contadas
    b) pasan a la historia
    c) no tienen historia
    d) parten de cero

100. De poco o nada le ha servido a Mercedes dedicarse .... a sus hijos. Ahora que ya son mayores cada uno hace su propia vida y apenas tienen tiempo para acordarse de su madre.
    a) en cuerpo y alma
    b) a bombo y platillo
    c) a sus anchas
    d) al por mayor

101. Esta ley catódica del todo vale tan .... en nuestra sociedad, no debería presentarse a los jóvenes como un método para ganarse la vida.

a) a rayas
b) al día
c) de labor
d) en jaque

102. Muchos ciudadanos piensan que las tasas por peaje ...., ya que los estados no las necesitan al ingresar miles de millones solo en impuestos de circulación.
a) vienen a cuento
b) se caen de las manos
c) son una sangría
d) dan el cante

103. El desempleo está alcanzando unos porcentajes espantosos y la gente .... sigue preguntándose dónde está la solución.
a) de postín
b) en serio
c) de a pie
d) de rebote

104. No creo que tu actitud sea la más adecuada para .... a tu suegra. Bastaría que tuvieras un poco de tacto en determinadas situaciones.
a) rizar el rizo
b) matar de hambre
c) sacar de quicio
d) meterte en el bolsillo

105. Desgraciadamente todo el impulso económico se había paralizado en los últimos meses y ahora se veía con desasosiego que donde antes había ilusión, en estos momentos existía un gran temor .... futuro.
a) por mor del
b) a la luz del
c) de cara al
d) en pos del

106. .... que se silencien las palabras de un escritor con tanto talento, ya que apenas quedan personas de esa estirpe.
a) Es harina de otro costal
b) No es de recibo

c) Cae en gracia
d) Está de más

107. No creemos que sea ella la que en una situación de ese tipo ...., y más habiendo dinero de por medio.
a) suelte el toro
b) dé su brazo a torcer
c) barra para adentro
d) pise fuerte

108. Javier es de esos tipos que suelen .... Más de una vez hemos quedado para tomar un café y me ha dejado plantado.
a) estar en la higuera
b) dar sopas con honda
c) soltar el rollo
d) salirse por la tangente

109. La compañía aérea ha justificado su drástica decisión de cancelar los vuelos con la única fórmula que .... después de meses de negociaciones improductivas.
a) había tenido en cuenta
b) había dado de sí
c) había entrado a saco
d) se había echado a la cara

110. No cabe duda de que los lenguajes juveniles .... cada vez más amplia entre las distintas generaciones.
a) ponen en bandeja
b) nadan y guardan la ropa
c) hacen agua
d) abren una brecha

111. .... que la inmigración irregular tiene historias totalmente rocambolescas en los últimos años: varios inmigrantes intentan viajar como polizones en una patrullera de la Guardia Civil.
a) Salta a la vista
b) Importa un pepino
c) Es de cajón

d) Da guerra

112. El hotel de la celebración de la boda estaba ubicado no en una finquita, sino en una finca con 500 hectáreas de dehesas de encinas. De ahí que todos los invitados ....
a) se salieran por la tangente
b) se quedaran con la boca abierta
c) perdieran la chaveta
d) pasaran la bandeja

113. Un resfriado .... como el que has pillado, no te lo quitarás de encima si no sigues una medicación y guardas cama por unos días.
a) de campeonato
b) de postín
c) de refilón
d) de armas tomar

114. Todos los días el abogado salía del bufete al mediodía para ...., y así poder continuar con sus consultas hasta bien dadas las dos de la tarde.
a) hacer de tripas corazón.
b) matar el gusanillo
c) beber los vientos
d) brillar por su ausencia

115. Las fuertes lluvias que arreciaron durante toda la tarde provocaron varios socavones .... en algunos barrios de la ciudad.
a) de padre y muy señor mío
b) de marras
c) a manta
d) de chicha y nabo

116. Finalmente la viuda se decidió a declarar a cara descubierta, delante de los acusados, sin biombo .... y con la mirada puesta en los asesinos de su esposo.
a) de un plumazo
b) a diestro y siniestro
c) de por medio
d) al rojo vivo

117. En aquel debate, como eran pocos los que .... de las polémicas, el moderador no dejaba de intervenir con continuas provocaciones.
  a) se daban de bruces
  b) estaban montados
  c) hacían horas
  d) entraban al trapo

118. Se comenta que una nueva borrasca acompañada de vientos del Sur hará que los termómetros vaya subiendo .... a lo largo de los próximos días.
  a) a mares
  b) a base de bien
  c) a contratiempo
  d) a cientos

119. Como el sol daba de lleno en la playa, utilizamos unas toallas .... toldo.
  a) a punto de
  b) a propósito de
  c) de cara a
  d) a guisa de

120. Para esa joven madre los niños eran un coñazo. Y es que la gente moderna está por la píldora, el aborto, pasarlo bien ....
  a) de uvas a peras
  b) y punto
  c) es la repera
  d) a placer

121. Yo que tú no me fiaría ni un pelo de ese listo de Antonio. Cuando menos lo pienses, ...
  a) te la dará con queso
  b) se irá de picos pardos
  c) estará en la onda
  d) hará la rueda

122. Entre las cabezas de lista de los partidos que aspiran a ganar las elecciones, apenas quedan políticos .... de la primera legislatura.
  a) de tres al cuarto
  b) de primera fila

c) de órdago
d) de hoz y coz

123. El Gobierno estaba dispuesto a solventar cualquier obstáculo administrativo para que las ayudas a los afectados por el terremoto se pagaran ....
a) en breve
b) de refilón
c) a borbotones
d) a tocateja

124. Se ve a las claras que tu hermano .... Cada vez que viene por casa a cenar, no deja nada en el plato.
a) está de rechupete
b) es alguien del montón
c) está que muerde
d) tiene buen saque

125. .... empezar a discutir, lo que tenemos que hacer es ponernos manos a la obra y sacar adelante este delicado asunto.
a) En pos de
b) Lejos de
c) Cerca de
d) A raíz de

126. El sueño de hacer el camino de Santiago el próximo verano se ha evaporado ...., porque algunos de los integrantes del grupo están pendientes de las oposiciones.
a) de cuajo
b) de órdago
c) de rondón
d) a todo trance

127. A Juan le .... la Declaración de la Renta de este año, pero aun así prefiere hacerla él mismo a acudir a un asesor fiscal.
a) sabe a poco
b) trae de cabeza
c) importa un comino
d) trae a capítulo

128. Lo de garantizar una sanidad y una educación pública no tendría que ser visto como una promesa electoral, sino como un derecho de todo ciudadano que hay que cumplir ....
a) a ciencia cierta
b) a rajatabla
c) de rondón
d) de padre y muy señor mío

129. El vigilante de ese supermercado miraba .... a todos los clientes que llevaban algún bolso.
a) de soslayo
b) a salto de mata
c) de refilón
d) a bombo y platillo

130. Desde hace cierto tiempo cada vez más se encuentra gente que se declara partidaria encendida de la cecina, que procede de los cuartos traseros de la vaca, ... el jamón que procede del cerdo.
a) en son del
b) a raíz del
c) a diferencia del
d) a costa del

131. Cuando .... las cartas del famoso escritor sevillano, se pudieron aclarar finalmente muchos aspectos de su vida personal.
a) pusieron a caldo
b) salieron por la tangente
c) salieron a la luz
d) sacaron tajada de

132. Ese hombre de negocios .... era miembro de un partido y su única relación con el arte era una serie de pinturas de pequeño formato: bodegones y paisajes al óleo.
a) de tres al cuarto
b) al natural
c) de capa caída
d) de trapillo

133. Para poder leer la tesis en septiembre, tendrás que .... Estamos a principios del verano y todavía te quedan algunos capítulos por redactar.
   a) vivir del cuento
   b) dar el do de pecho
   c) poner el listón alto
   d) tirar por la calle de en medio

134. Con motivo del noventa cumpleaños de la abuela, todos los hijos y nietos tuvieron la brillante idea de dar una fiesta ....
   a) al pie de la letra
   b) por todo lo alto
   c) a rachas
   d) a pan y cuchillo

135. Aunque ese gran periodista recibió múltiples anónimos que ponían en peligro su vida, jamás .... a las informaciones sobre torturas y maltratos.
   a) hincó la rodilla
   b) puso bozal
   c) dio la cara
   d) pidió la luna

136. No sé cómo te atreves a dirigirte a un tipo como ese que a la menor ocasión es capaz de .... a ti y a los tuyos.
   a) dar un respiro
   b) poner de vuelta y media
   c) seguir los pasos
   d) tomar la puerta

137. Con el coche pudimos acceder a una explanada .... la cual corría un riachuelo sobre un lecho de guijos blancos.
   a) a ras de
   b) en consonancia con
   c) a los pies de
   d) por medio de

138. Estoy de acuerdo contigo en lo de que para estudiar Derecho hay que tener una buena memoria, pero de ahí a decir que es una carrera fácil ....
   a) atiza el fuego
   b) hay todo un mundo
   c) está fuera de sí

d) deja bastante que desear

139. Te puedo asegurar que todo lo que pasa en su familia a ella ...., por lo tanto, deja de preocuparte por una persona de tal calibre.
a) le sienta como un tiro
b) le viene a pelo
c) le resbala
d) le está bien empleado

140. Cuando está resfriado, Miguel suele .... dos o tres copas de coñac y, según dice él, le sientan muy bien.
a) tirar con bala
b) deja correr
c) echarse al coleto
d) pasar por el tubo

141. En un entorno tocado por la crisis, algunos pueblos .... gracias a unas sólidas bases forjadas durante años.
a) están saliendo adelante
b) están entrando por el aro
c) están apañados
d) se salen del tinto

142. En la protesta los facultativos ataviados con batas blancas y silbatos .... contra la erosión que provocará el tijeretazo del Gobierno.
a) se abrieron paso
b) pusieron el listón alto
c) pusieron el grito en el cielo
d) doblaron el espinazo

143. Ante el continuo retraso de algunos empleados, el jefe de Sección no tuvo más remedio que ....
a) sacarlos adelante
b) ponerlos firmes
c) hablarles en cristiano
d) salir por la tangente

144. Mientras todos subían sin esfuerzo alguno .... por el sendero, Joaquín lo hacía penosamente en último lugar, aferrándose a cada paso los muslos con las manos.
a) en fila india
b) de la mano
c) de remolque
d) a paso de tortuga

145. ¿Por qué me pides consejo? ¿No dices que vas a ir contra tu socio ....?
a) de hoz y coz
b) a partir un piñón
c) te cueste lo que te cueste
d) de refilón

146. Dada la difícil situación económica, esa empresa .... hacer caja con la venta de unos terrenos de su propiedad.
a) pediría a gritos
b) vería con buenos ojos
c) tendría entre ceja y ceja
d) se las compondría

147. Ese nuevo supermercado, en lugar de la cuadrícula ...., presenta una distribución en bucle que imita una pista de carreras, de modo que los clientes zigzaguean por los pasillos y pueden ver mejor los productos.
a) a chorros
b) a todo plan
c) en seco
d) de rigor

148. Lo de que convoquen oposiciones para este año, nadie lo tiene claro. La verdad es que tal como están las cosas, este tema ....
a) es otro cantar
b) da la tabarra
c) va para largo
d) se sale del tiesto

149. .... la época del año, unas buenas migas pueden llevar gajos de mandarina u otros frutos y muchos otros compañeros de viaje: torreznos, huevos fritos, sardinas, pimientos asados o chacinas.
a) En régimen de
b) A gusto de
c) En relación con
d) Al paso de

150. El camuflaje, presente .... en los medios de comunicación, se ha convertido en signo distintivo de las tribus urbanas, en atributo de cantantes y en protagonista de películas.
a) a fondo
b) de refilón
c) a discreción
d) a dedo

151. A pesar de las inclemencias del tiempo, todo parece apuntar a que este año, como ...., se celebrarán los tradicionales desfiles procesionales durante la Semana Santa.
a) es de rigor
b) es la monda
c) toca fondo
d) pasa de castaño oscuro

152. No pretendo meterme en tus asuntos, pero permíteme que te diga que tengas cuidado con ese individuo porque es de los que ....
a) pide peras al olmo
b) no se anda con chiquitas
c) se sale por la tangente
d) echa las campanas al vuelo

153. No entiendo cómo has podido .... a un buen amigo como Javier. Espero que pienses mejor lo que has hecho y sepas rectificar a tiempo.
a) pegar la hebra
b) dejar en la estacada
c) moler los huesos
d) servir en bandeja

154. Muchas autonomías están .... a su televisión con el cierre de canales. El mensaje es claro: nada se escapa de los recortes.

a) dándole la espalda
b) manteniendo al corriente
c) recuperando el aliento
d) metiendo la tijera

155. .... que son pocos los estudiantes que tienen claro hacer este año el viaje de estudios. Para el próximo curso intentaremos organizar algo más a la mano.
a) Toma a bien
b) Salta a la vista
c) Viene al caso
d) Encoge el corazón

156. Hasta hace poco, durante las fiestas del pueblo el Ayuntamiento ofrecía una caldereta popular, pero este año, ... están las cosas, la caldereta no está garantizada, aunque el buen ambiente seguro que no va a faltar.
a) tal y como
b) quieras que no
c) a la recíproca
d) de lo que no hay

157. El partido fue durante los noventa minutos un continuo .... Hasta el pitido final no se podía saber quién sería el ganador.
a) toma y daca
b) correveidile
c) abrelatas
d) ahí te quiero ver

158. Ese director es de los que ...., y, si no estás atento, te la puede jugar a la más mínima distracción.
a) se meten en la boca del lobo
b) tiran con bala
c) no dan su brazo a torcer
d) se saben la cartilla

159. Con el dinero que le ha tocado en la lotería, Pablo ha ido ...., pero son tantas las deudas que tiene, que aún no las tiene todas consigo.
a) midiendo las costillas
b) tapando agujeros

c) rascándose el bolsillo
d) poniendo proa

160. En *Sueño de una noche de verano*, de Shakespeare, obra de la que se siguen haciendo distintas lecturas contemporáneas, el amor .... sus diversas manifestaciones es el verdadero protagonista.
a) a raíz de
b) por medio de
c) a través de
d) por mor de

161. Desde que se dio a conocer la noticia de que Matilde se había quedado embarazada después de tanto tiempo, no dejaron de llegarle los parabienes .... todos sus familiares y amigos.
a) a raíz de
b) del lado de
c) merced a
d) de parte de

162. Finalmente las autoridades le consagraron una placa en el Ayuntamiento a su escritor más importante y, ..., ya que ha conseguido que el nombre de su ciudad goce de reconocida fama en todo el mundo.
a) no era moco de pavo
b) no era para menos
c) no era para tanto
d) a todas luces

163. Entre los colegas del trabajo se está empezando a filtrar la vida de crápula que lleva el gerente del hotel porque .... sus obligaciones.
a) da de sí
b) lleva al huerto
c) pasa por alto
d) brilla por su ausencia

164. Esperemos que de ahora en adelante te portes ...., porque si no es así, daremos por terminada nuestra amistad.
a) como Dios manda
b) de ensueño
c) a derechas

d) al dedillo

165. Hasta que no salga a la luz toda la verdad de lo ocurrido, esa pareja tendrá que seguir ....
a) aguantando mecha
b) volviendo a la carga
c) haciendo la vista gorda
d) empinando el codo

166. Los expertos aconsejan que para evitar que la lechuga sepa a ácido, es necesario añadirle .... de sal al terreno.
a) a bombo y platillo
b) de arriba abajo
c) una pizca de
d) a todo plan

167. Hoy podríamos ir al nuevo restaurante que han abierto por el centro, porque nos han dicho que el punto que le dan tanto al steak tártaro como a la presa de cerdo ibérico ....
a) es de los de ahí no te menees
b) toma la delantera
c) va para rato
d) tira de la lengua

168. Hoy en día se echan en falta los thrillers como los de una época, exigentes y, sobre todo, británicos ....
a) de lleno
b) hasta la médula
c) en conciencia
d) a lo sumo

169. Los buenos consejos del mejor amigo de Rafael sirvieron para .... en su lucha por conseguir lo que quiere.
a) romper una lanza
b) deshojar la margarita
c) echarle un cable
d) darle la pauta

170. Según .... en política últimamente, parece que se necesitan referentes éticos más que candidatos a las presidencias.
a) dan la puntilla
b) ruedan las cosas
c) hierve la sangre
d) caen chuzos de punta

171. La joven actriz teatral sueña con no .... en la que podría ser para ella una temporada teatral plagada de éxitos.
a) colgar las botas
b) echarse al coleto
c) perder pistón
d) cortarse la coleta

172. Te he repetido .... que si quieres hacer las paces con tu hermano, tendrás que dejar a un lado tu orgullo.
a) de refilón
b) de órdago
c) a hurtadillas
d) por activa y por pasiva

173. A pesar de que parece que Antonio en su vida ha matado una mosca, te puedo asegurar que es de los que cuando se tercia, te ....
a) plantan cara
b) ponen el dedo en la llaga
c) calientan la cabeza
d) hacen los honores

174. La recién licenciada confiaba .... en las promesas de su director de tesina. El tema era que iban a salir a concurso nuevas plazas de ayudante doctor.
a) a pierna suelta
b) a pie juntillas
c) de carretilla
d) a diestro y siniestro

175. ...., Nacho nos dijo que se retiraba de la excursión a Sierra Nevada porque no le apetecía ir.
a) A cuentagotas
b) A destajo

c) En seco
d) A las primeras de cambio

176. Cristina tenía muy claro que iba a sacar esa oposición, fue por eso por lo que se puso a preparar todos los temas ....
a) de hoz y coz
b) a marchamartillo
c) por las bravas
d) de fábula

177. Aunque ganara menos, Antonio prefería .... todo poder contar con un puesto fijo a tener que estar pendiente de lo que le saliera.
a) en menoscabo de
b) conforme a
c) a ras de
d) por encima de

178. Las diferencias entre los dos grandes artistas quedarán .... aparcadas, gracias a que actuarán juntos próximamente en una representación teatral.
a) a cada momento
b) por el momento
c) al momento
d) de momento

179. En los últimos años la población del jurel en algunos países ...., de ahí que se esté pensando en imponer normas en la pesquería.
a) ha caído en picado
b) está que arde
c) vende la burra
d) se sale del tiesto

180. .... podemos decir que la nueva pena denominada "prisión permanente revisable", en la enésima reforma del Código Penal de 1995, se aplicará en casos en los que se haya alcanzado el máximo reproche social.
a) A fin de cuentas
b) En menos que canta un gallo
c) A lo sumo
d) A fondo

181. Para un cineasta tan atento a la realidad como el griego Angelopoulos, el cine es .... una buena vía para buscar un nuevo humanismo en la sociedad actual.
a) al dedillo
b) a raya
c) en potencia
d) a solas

182. Como no le .... a tu jefe, seguirá abusando de ti sin ningún reconocimiento a las muchas horas que le dedicas al trabajo.
a) entres por el aro
b) des oídos
c) pares el carro
d) cojas la palabra

183. Cuando al volver de vacaciones los Fernández entraron en el piso y lo encontraron todo manga por hombro, se llevaron un susto .... Menos mal que solo fue que los hijos habían organizado una fiesta la noche anterior.
a) de órdago
b) de calle
c) de cine
d) de hoz y coz

184. La verdad es que .... cuando le dije a Dolores que se había equivocado al criticar a su cuñada porque no había actuado de mala fe.
a) me quedé corto
b) di la nota
c) pagué los vidrios rotos
d) di gato por liebre

185. A raíz de su licenciatura en Derecho encontró un bufete para trabajar durante tres meses ....
a) en prueba
b) en curso
c) a viva fuerza
d) de prueba

186. ¡Atentos! La calle está levantada por obras y podemos meter los pies por donde no debamos. Será mejor que ....

a) vayamos con pies de plomo
b) vayamos listos
c) vayamos de picos pardos
d) andemos las siete partidas

187. Aunque el presidente de la asociación hizo ademán de darle la mano a nuestro representante, luego la retiró como si ....
a) se hiciera el encontradizo
b) estuviera de cachondeo
c) untara las manos
d) se pusiera las botas

188. Si sigues ...., nunca vivirás en paz.
a) cerrando filas
b) metiéndote en camisa de once varas
c) dándole a la lengua
d) cubriendo el expediente

189. .... de resolver los problemas de liquidez, los ayuntamientos podrán acceder también a la línea ICO (Instituto de Crédito Oficial) para facilitar el pago a proveedores.
a) Con el fin de
b) Por medio de
c) Por mor de
d) A punto de

190. Después de varios meses .... de un lado para otro, Pedro consiguió encontrar trabajo en una confitería como dependiente.
a) dando tumbos
b) volviendo por sus fueros
c) teniendo un pase
d) rompiendo el hielo

191. Todo lo que nos prometiera Isabel sobre el viaje a India ...., de ahí que no volvamos a confiar en ella.
a) se ha ido de la lengua
b) no pega ni con cola
c) se ha mantenido en sus trece
d) se ha quedado en agua de borrajas

192. No llego a entender cómo te has dejado llevar por un tipo que apenas te descuides, te .... sin ningún pudor.
a) leerá la cartilla
b) dejará plantada
c) cantará las cuarenta
d) pondrá a caldo

193. Entre los numerosos asistentes a la boda de la actriz había más profesionales de la cámara que curiosos ....
a) de a pie
b) en familia
c) de postín
d) de entrada

194. Con la crisis muchos ayuntamientos ...., ya que en las cajas la liquidez sigue siendo cero.
a) se chupan el dedo
b) han tocado fondo
c) no se rascan el bolsillo
d) caen en gracia

195. Aunque todavía el arte .... perspectivas de mujer, actualmente la situación está empezando a cambiar a pasos agigantados.
a) se trae entre manos
b) pone en su sitio
c) echa en falta
d) saca a la luz

196. Con el buen tiempo que estamos teniendo este otoño, no es mala idea .... por la costa y disfrutar un buen rato en alguna de sus calas.
a) romper el fuego
b) cortar por lo sano
c) darse una vuelta
d) salirse por peteneras

197. O le .... a Roberto, o seguirá haciendo lo que le venga en gana.
a) sale el tiro por la culata
b) tiras de la lengua
c) damos un toque
d) hacemos caso

198. No insistas con ella, porque después de tantas negativas a tus propuestas de noviazgo, no va a cambiar de la noche a la mañana, así que ....
a) a otra cosa, mariposa
b) ahí me las den todas
c) de mal en peor
d) ahí le duele

199. El cineasta vasco está viviendo unas jornadas de gloria después de los varios premios conseguidos, fruto de que nunca ....
a) ha hecho el primo
b) ha dado su brazo a torcer
c) ha atado cabos
d) ha hecho fosfatina

200. A María últimamente no le están saliendo las cosas como debieran. Sería oportuno, pues, si entre todos le ....
a) ponemos el dedo en la llaga
b) echamos un cable
c) medimos las espaldas
d) hacemos los honores

201. El tema de la Declaración de la Renta me .... toda la semana. El próximo año iré preparando los papeles con tiempo suficiente.
a) ha llevado al huerto
b) ha cogido de nuevas
c) ha dado la nota
d) ha traído de cabeza

202. Ya de madrugada empezó el griterío de los aficionados del campeón por el centro de la capital, y no tuvimos más remedio que .... como un vecino más.
a) dar gato por liebre
b) conocer el percal
c) entrar por el aro
d) batir el cobre

203. A ese empresario .... si tenía que ayudar a cualquier amigo que atravesara una delicada situación económica.
a) no le dolían prendas

b) se le caía la baba
c) se le hacía la boca agua
d) se le iba el santo al cielo

204. Él tuvo muy claro desde el primer momento que quería separar su vida profesional de la familiar, por lo que nunca renunció a cumplir .... con las muchas horas extra que la empresa le ofrecía.
a) de un tirón
b) a rajatabla
c) al dedillo
d) de refilón

205. La profesión de representante le exige a Miguel estar continuamente .... entre Madrid y Barcelona, de ahí que sea difícil encontrarle en su casa.
a) de golpe
b) de pie
c) a caballo
d) de buenas a primeras

206. En la película *La ventana*, de Carlos Sorín, parece que aparentemente pasa muy poco, pero si nos fijamos .... pensar.
a) da que
b) se da bien que
c) tiene a bien
d) entra a saco

207. Mi amiga Cecilia es de las que .... con el primero que encuentra, de ahí que te puedo garantizar que no te vas a aburrir.
a) pegan la hebra
b) se salen de sus casillas
c) se salen por la tangente
d) no dan pie con bola

208. Ahora sin ...., los nuevos médicos optan un poco menos por un trabajo fijo y se detienen a hacer una especialidad.
a) lanzar las campanas
b) decir esta boca es mía
c) perder el norte
d) pintar bastos

209. Ante las nuevas subidas de las tasas universitarias, los estudiantes decidieron .... para que nadie tenga cerradas las puertas a la cultura.
a) salirse por la tangente
b) echarse a la calle
c) subirse a las barbas
d) no perder detalle

210. .... un turista recibió un impacto de bala mientras la policía realizaba unas detenciones por el casco viejo de la ciudad.
a) En seco
b) A hurtadillas
c) Sin comerlo ni beberlo
d) De todas todas

211. O ...., o perderás el curso como ya te ocurrió el año pasado.
a) pasas factura
b) te llevas la palma
c) te pones las pilas
d) coges la delantera

212. Apenas entró en la sala, miró .... a la concurrencia y se acomodó en un sitio donde pudiera pasar desapercibido.
a) de frente
b) de un tirón
c) de sopetón
d) de soslayo

213. Las diferencias de criterios a la hora de aplicar el reglamento arbitral pueden convertirse en un polvorín entre los equipos si alguna autoridad no .... en el asunto.
a) dobla el espinazo
b) levanta el vuelo
c) toma medidas
d) hace diana

214. Hacer ejercicio físico no solo beneficia al corazón, sino que ayuda .... a regular el nivel de azúcar en la sangre a los diabéticos y el nivel de colesterol.
a) a la vez

b) de momento
c) al momento
d) cada vez

215. Déjate llevar por Trini cuando vayas a comprar los muebles. Ella es una mujer que ...., y te puedo asegurar que no te vas a arrepentir.
a) prueba suerte
b) tiene buen ojo
c) da caña
d) lleva la corriente

216. Desde que comunicamos que este año no tendríamos cotillón, algunos amigos desaparecieron: así, por ejemplo, Ricardo y su pareja no se han hecho ver el pelo desde hace algún tiempo.
a) liar el petate
b) salir al paso
c) ver el pelo
d) llegar a mayores

217. Los contratistas no podían aceptar .... una oferta tan ridícula como la que les habían presentado y en la que además ni siquiera se hablaba de un pago por desplazamientos.
a) ni más ni menos
b) en vano
c) ni mucho menos
d) a todo riesgo

218. Deberíamos .... y dejar los otros temas para mejor ocasión, si no, mucho me temo que tampoco esta vez lleguemos a un acuerdo.
a) poner coto
b) llegar a mayores
c) correr tinta
d) entrar en materia

219. .... las entidades financieras los desalojos son una consecuencia de la crisis, por lo que servirá poco atajarlos mientras que continúe la recesión y el paro.
a) A juicio de
b) Cara a
c) A raíz de
d) Por mor de

220. La propuesta de los Rodríguez para alquilar un apartamento en la costa juntos, ... Ya hemos tenido alguna que otra experiencia y ya sabemos cómo han acabado.
a) erre que erre
b) a tientas
c) ni caso
d) en propiedad

221. La crisis ha convertido en unos privilegiados a los mileuristas, que eran tenidos por casi marginados: ahora, ..., poseen un trabajo y disponen de un sueldo.
a) al menos
b) ni más ni menos
c) de lejos
d) de menos

222. No podemos .... a un amigo como Miguel. Si todos nos unimos, podemos echarle una mano para que pueda salir a flote en unos momentos tan complicados para él.
a) hacer mella
b) dejar en la estacada
c) hacer de su capa un sayo
d) cantar las verdades

223. Cuando escuchamos golpear a la puerta con tanta fuerza .... Afortunadamente era la policía municipal que venía a preguntarnos si el camión aparcado delante de la puerta era nuestro.
a) nos ciscamos de miedo
b) nos fuimos por la tangente
c) plantamos cara
d) nos guardamos las espaldas

224. Si algo hay que agradecerle a esa fundación y, ..., a su presidente honorario, es la inmensa labor social que está desarrollando.
a) por ende
b) de tomo y lomo
c) a fondo
d) de entrada

225. Los niñatos de la última fila no dejaron de .... comiendo pipas y palomitas durante toda la película. En resumidas cuentas, que no disfrutamos de la proyección al aire libre en el cine de verano.
a) poner el listín alto
b) pintar bastos
c) dar la brasa
d) vender la burra

226. En cuestión de mariscos, no vale la pena estar dando vueltas para encontrar un restaurante, sino que es mejor ....
a) ir a tiro hecho
b) pegar la hebra
c) pasar por alto
d) entrar en detalles

227. Cuando finalmente el ilustre exiliado pudo volver a su país, las autoridades le prohibieron .... cualquier relación con la Universidad a la que había dedicado los mejores años de su vida.
a) a ciegas
b) a mano armada
c) de todas todas
d) a las claras

228. A Julio se le acerca poca gente porque apenas entras en conversación con él, te .... y no te deja hablar.
a) come el coco
b) da sopa con hondas
c) hace de tripas corazón
d) canta las cuarenta

229. Los Martínez han dejado de visitarnos ...., y eso que cuando venían por casa siempre fueron tratados a pan y cuchillo.
a) a diestro y siniestro
b) de hoz y coz
c) de buenas a primeras
d) al detalle

230. No es nada fácil .... durante tantos años. Ahí se ve la calidad de una actriz como Lola Herrera.
a) estar al pie del cañón
b) echar las campanas al vuelo

c) hacer de su capa un sayo
d) pasarse de la raya

231. Muchos grupos políticos están con todas las de la ley presentando propuestas para garantizar .... la protección del derecho de los ciudadanos a ejercer su derecho constitucional de manifestación.
a) de hito en hito
b) de hoz y coz
c) de todo punto
d) en último caso

232. Los problemas más acuciantes que esperan al nuevo presidente de la sociedad .... resolver lo irresoluble y sanar el agujero financiero causado por su antecesor.
a) están por
b) cuentan con
c) pasan por
d) quedan por

233. .... los últimos cambios que puedan hacerse, la nueva pena del Código Penal se aplicará a los cargos públicos que contraigan un gasto sin haberlo presupuestado.
a) En menoscabo de
b) A falta de
c) A costa de
d) De cara a

234. Apenas Felipe entró por los callejones del paseo marítimo, unos maleantes le cerraron el camino y le dieron una paliza .... Lleva más de una semana en el hospital y todavía tiene para rato.
a) de tomo y lomo
b) de aúpa
c) de soslayo
d) a tope

235. El equipo español de baloncesto .... para poder derrotar a su rival. Menos mal que supo tener la cabeza fría en los segundos finales del encuentro.
a) hizo la rosca
b) puso los dientes largos

c) sudó tinta
d) estuvo fuera de lugar

236. Ahora resulta que Miguel todavía no tiene las ideas muy claras sobre lo de casarse, pero, al final, ... como todo hijo de vecino.
a) entrará por el aro
b) hará la pelota
c) irá a mayores
d) se saldrá de madre

237. Cada mañana lo primero que hacía Nicolás, antes de empezar su trabajo, era .... la prensa local para saber lo que se cocía por la ciudad.
a) cortar por lo sano
b) echarse al coleto
c) entrar a saco
d) echarse encima

238. Los graves momentos por los que atraviesan muchos países hacen que los problemas económicos no .... de los políticos.
a) lleven la contra
b) ajusten la cuenta
c) vayan a la zaga
d) cojan la delantera

239. María cada vez .... Es de esas personas que sabe salir del paso en cualquier situación por difícil que sea.
a) tantea el terreno
b) se lleva la palma
c) se guarda las espaldas
d) tiene un as en la manga

240. Ante tal lluvia de insultos, el presidente no tuvo más remedio que abandonar el palco del estadio antes de que la cosa ....
a) fuera a mayores
b) fuera harina de otro costal
c) cayera en picado
d) partiera el corazón

241. Cada vez que vamos a ese restaurante del paseo marítimo, ... con los espetos de sardinas. Y es que están para chuparse los dedos.
a) nos ponemos las botas
b) se nos va el santo al cielo
c) nos jugamos el tipo
d) hacemos de tripas corazón

242. Visto que por el lugar de la cita no aparecía nadie, decidimos .... y dar una vuelta por el casco histórico de la ciudad.
a) llevar las riendas
b) meternos en camisa de once varas
c) coger el portante
d) perder la chaveta

243. El candidato presidencialista propuso ante la prensa .... guasa un Gobierno de salvación nacional formado por los peores nombres de la política.
a) a modo de
b) a la manera de
c) a costa de
d) en tono de

244. Haciendo los ejercicios ...., no parece probable que Rosa obtenga buenas notas.
a) a hurtadillas
b) a la carrera
c) a la sombra
d) de golpe y porrazo

245. Aunque la mujer del embajador optaba por mantener un perfil discreto y permanecer apartada de la vida pública, no dejaba de estar .... su marido.
a) a la sombra de
b) al amparo de
c) de espaldas a
d) al compás de

246. Hasta que no se acercaban los exámenes, ella no .... y se ponía a estudiar seriamente.
a) templaba gaitas

b) daba una a derechas
c) le veía las orejas al lobo
d) sacaba las castañas del fuego

247. No presentándose a esas oposiciones, lo que ha hecho Antonio es .... una oportunidad que difícilmente se le volverá a presentar.
a) poner de relieve
b) llevar al huerto
c) servir en bandeja
d) tirar por la borda

248. Aquella pareja de extranjeros pensaba que nadie iba a pedirles el billete del autobús, pero .... y, al final, pasó el revisor y les puso una multa.
a) hicieron de su capa un sayo
b) se pasaron de listos
c) dieron el pego
d) cortaron por lo sano

249. Desde que dejaron claro qué tenía que hacer cada uno en la empresa, los dos hermanos están ....
a) a todo gas
b) a partir un piñón
c) poniendo el grito en el cielo
d) haciendo la comedia

250. Para unas torrijas .... no hay que olvidar que cuando se pone la leche al fuego, tenemos que añadirles azúcar, las cáscaras de naranja y limón y unos bastoncitos de canela.
a) en punto
b) de aúpa
c) de pura cepa
d) de perlas

251. Para .... a la baja de visitantes a algunos monumentos históricos, los patronatos están diseñando un plan de rescate.
a) levantar la cabeza
b) dar al traste
c) echar una mano
d) poner freno

252. Como no encontraba trabajo en la enseñanza, tuvo que .... y hacer de camarero en un bar de su barrio.
a) agarrarse a un clavo ardiendo
b) hacer la vista gorda
c) echar humo
d) estar hasta el moño

253. .... tráete unas botellas de vino para la cena. En esto del beber, como en tantas otras cosas, todo es empezar.
a) A rajatabla
b) A cuestas
c) A regañadientes
d) Por si las moscas

254. El equipo de fútbol de la capital tardó varios años en .... de la manita que sufrió a manos de su eterno rival.
a) caer en picado
b) sacarse la espina
c) tirar a matar
d) meter un gol

255. En *Spanish Movie*, Ruiz Caldera, en plan desmitificador, se mofa .... de algunos éxitos de gran calibre del cine español.
a) de un tirón
b) a pierna suelta
c) a tocateja
d) a montones

256. Nos ha bastado que el profesor nos aclarara algunas dudas para ir seguros al examen. Ahora sí que podemos decir que nos saldrá ....
a) de puta madre
b) corriente y moliente
c) a derechas
d) como un descosido

257. En Latinoamérica muchos banqueros recomiendan que los gobernantes .... políticas para reducir las desigualdades como si de una inversión se tratara.

a) cojan por banda
b) pongan en marcha
c) pasen por alto
d) metan por los ojos

258. Después de haber hecho una buena experiencia en varias empresas, Pedro tuvo que .... para poder entrar en un banco.
a) sudar la gota gorda
b) marear la perdiz
c) abrir los ojos
d) hacer de tripas corazón

259. En vez de regañarles a los niños por haber hecho añicos con la pelota la maceta del jardín, la madre no tiene otra cosa que hacer que ....
a) darles sopas con honda
b) reírles la gracia
c) ahuecar el ala
d) pasar por las armas

260. Hasta que no sepas .... de qué va la cosa, te aconsejaría que te lo pensaras dos veces antes de meterte en líos.
a) de hoz y coz
b) a porrillo
c) a rabiar
d) a ciencia cierta

261. Aquel chapucero nos dejó el calentador hecho una pena y, para ...., no se nos ocurrió otra cosa que llamar al inútil de mi cuñado para arreglarlo.
a) pasarlas moradas
b) no tener la más remota idea
c) remachar el clavo
d) tomar las de Villadiego

262. Era tal la aglomeración de gente delante de la entrada del hotel, que .... para poder abrirnos paso.
a) no quitamos ojo
b) las pasamos canutas
c) perdimos el culo

d) echamos las tripas

263. Para poder salir del atolladero en el que se encontraba la empresa, los socios tuvieron que .... y hacer cada uno un pequeño esfuerzo económico.
a) armar la de Dios es Cristo
b) saltar en pedazos
c) perder el culo
d) echar las tripas

264. Tal como se presentaban las cosas en la última manifestación, decidimos .... antes de que se complicara la situación.
a) coger carretera y manta
b) enmendar la plana
c) hilar fino
d) salirnos por los cerros de Úbeda

265. .... una enfermera pudimos saber que las consultas de aquel médico se alargaban a veces hasta las tantas.
a) En loor de
b) En mérito a
c) Por boca de
d) A costa de

266. En el zaguán de aquel chalet había .... que iluminaba toda la sala contigua.
a) un ojo de buey
b) un salto de campana
c) un ojo de patio
d) un lugar común

267. Isabel con frecuencia .... de que una fue una de las primeras licenciadas de Arquitectura de su Universidad.
a) hace caso
b) pone en evidencia
c) pone al descubierto
d) hace gala

268. En aquella inmensa playa se .... hasta bien lejos, de ahí que para los niños fuera la favorita.
a) hacía tabla rasa
b) ligaba bronce

c) hacía pie
d) pisaba fuerte

269. El dinero que recibe un científico para empezar su investigación es .... insuficiente, de ahí que se esté estudiando una reducción de plazas en las convocatorias.
a) a chorros
b) a todas luces
c) a secas
d) a rachas

270. No es la primera vez que te lo digo, mejor será que conduzcas .... si no quieres llevarte un susto.
a) en seco
b) a raudales
c) con cautela
d) de soslayo

271. El negocio de la fruta le .... a tu tío. Con esto del colesterol no para de pasar gente por la frutería a todas horas.
a) ha salido redondo
b) está hasta el gorro
c) está bien empleado
d) ha salido por la tangente

272. .... que ya metidos en el nuevo milenio los gobiernos permitan que diariamente mueran niños a causa del hambre.
a) Revuelve el estómago
b) Pisa fuerte
c) Sorbe el seso
d) Lleva al huerto

273. Si Pablo sigue rodeándose de tanto ...., acabará comportándose como uno de ellos. Mejor será que le aclaremos que ese no es nuestro caso.
a) hijo de su madre
b) hijo de papá
c) hijo natural
d) hijo único

274. Ella tiene una paciencia única, pero si alguien ...., rompe las relaciones inmediatamente.

a) pierde los papeles
b) tiene muchos tablas
c) se pasa de la raya
d) hace de tripas corazón

275. El que más o el que menos estaba ya cansado de que fuera Elisa la que todas las veces........................., porque al menos por una vez podía ser otra la opción.
a) se saliera por la tangente
b) hiciera de tripas corazón
c) mareara la perdiz
d) se llevara el gato al agua

276. El sector financiero es, ... castigo continuo en Bolsa, uno de esos flancos débiles que sitúan a muchos países en primera línea de la crisis mundial.
a) al resguardo del
b) a raíz del
c) a tenor del
d) en son del

277. Está claro que hoy ....: entre otros muchos desastres, tenía una cita con el otorrino y se me ha pasado porque no me he dado cuenta de que era viernes.
a) no he dado una a derechas
b) he estado a partir un piñón
c) he puesto el grito en el cielo
d) he hecho pie

278. Cuando le preguntaron a la madre de Concha por su eterna juventud, ella respondió con sencillez,........................., que el único secreto era vivir sano.
a) a ciegas
b) de soslayo
c) a bote pronto
d) a la postre

279. Para poder .... con la empresa, prefirió acudir a sus familiares antes que a los bancos que le crujían con los intereses.
a) salir adelante
b) hacerse un lío
c) atar cabos
d) echar un cable

280. Nadie podía creer que Rafael le .... a una oferta como la que le habían presentado; y es que hoy día, tal como están las cosas, uno se agarra a un clavo ardiendo.
   a) llamara a capítulo
   b) hiciera ascos
   c) lanzara la toalla
   d) guardara las formas

281. El programa de ajustes del Gobierno se ha notado más .... la política de austeridad llevada a cabo.
   a) a raíz de
   b) detrás de
   c) encima de
   d) a ras de

282. No hay forma de que a Pedro le convenza un trabajo y así le va. Se ve que .... porque ya son varias las pruebas que ha hecho y nada de nada.
   a) es un tostón
   b) tiene mundo
   c) es harina de otro costal
   d) es culo de mal asiento

283. Las escuelas y universidades españolas están sufriendo importantes recortes presupuestarios, lo que ha supuesto, entre otras cosas, que miles de profesores le ....
   a) estén pagando con la misma moneda
   b) estén viendo las orejas al lobo
   c) hagan sombra
   d) hagan la vista gorda

284. Ella es de las raras mujeres que cuando quiere comprarse algo va ....
   a) a remolque
   b) a tiro hecho
   c) al pie del cañón
   d) a por todas

285. Ahora me doy cuenta de que .... Tenía que habérselo dicho todo para dejar clara la situación de una vez por todas.
a) le he dado la vuelta a la tortilla
b) me he puesto las botas
c) me he quedado corto
d) son habas contadas

286. .... beneficio para el Estado, algunos expertos temen que el aumento del copago en los medicamentos tenga un efecto negativo en la salud de los más humildes.
a) Más allá del
b) En descargo del
c) Al hilo del
d) A raíz del

287. La hembra del picudo rojo deposita unos cuatrocientos huevos en el corazón de la palmera, y los escarabajos que nacen de los capullos se expanden a gran velocidad en cuatro kilómetros ....
a) a contramano
b) hasta la saciedad
c) a toda costa
d) a la redonda

288. .... aquel joven empezó a gritar contra todos los transeúntes que pasaban cerca de donde él estaba.
a) A vuelapluma
b) A solas
c) Sin mediar palabra
d) A quemarropa

289. Con un tiempo tan inestable te aconsejaría que te llevaras un paraguas ....
a) a salto de mata
b) por si las moscas
c) de un salto
d) de medio pelo

290. A Javier es difícil hacerle caso porque nunca se sabe si habla en serio o ....

a) da la matraca
b) está de guasa
c) tiene tela
d) hace la rosca

291. Hemos encontrado en una almoneda del centro una radio .... que haría las delicias de cualquier coleccionista.
a) de marras
b) de pura cepa
c) del año de la nana
d) de todo tirar

292. Vosotros podéis creer todo lo que el administrador os ha prometido, pero yo, personalmente, no voy a ....
a) meter la gamba
b) comulgar con ruedas de molino
c) hilar fino
d) pasar factura

293. La historia interminable, que desde hace años .... a esa familia, parece ahora un poco menos gracias a la intervención de un abogado de prestigio.
a) saca las castañas del fuego
b) hace tilín
c) enreda la madeja
d) trae de cabeza

294. Durante la Noche de los Libros en Madrid las actividades más interesantes se solapan, y .... decidirse por la que más te guste.
a) echa las tripas
b) coge manía
c) no queda otra que
d) sale por peteneras

295. Antonio es de los que cuando tienen que justificarse por algo te .... y se queda tan tranquilo.
a) hace de tripas corazón
b) quema las naves
c) suelta el rollo
d) da la batalla

296. Me atrevería a decirte, sin temor a equivocarme, que de todas las experiencias personales de ese escritor dan cuenta sus últimos libros.
   a) dan cuenta
   b) se llevan el gato al agua
   c) dan de sí
   d) dan la nota

297. La OEPM (Oficina Española de Patentes y Marcas) ejerce las competencias del Estado .... propiedad intelectual y es responsable del examen y concesión de los derechos que protegen al creador, al innovador y al inventor.
   a) a ras de
   b) a merced de
   c) en materia de
   d) a razón de

298. Aunque la prensa local ha cargado contra el árbitro del partido, hay que aceptar que el resultado ....
   a) no tiene vuelta de hoja
   b) se sacude las moscas
   c) calienta motores
   d) es canela en rama

299. En aquel primer año de carrera era un representante sindical quien .... de todo lo que se organizaba en la Universidad.
   a) salía por pies
   b) llevaba la voz cantante
   c) hacía la rosca
   d) recogía los bártulos

300. Después de pasarte todo el día limpiando la casa se te han quedado las manos de ....
   a) papel cebolla
   b) papel de lija
   c) papel cuché
   d) papel de estraza

301. Actualmente hay un aluvión de canciones melancólicas que se están sacando en España ....

a) a raudales
b) al por mayor
c) a borbotones
d) a porrillo

302. No llego a comprender cómo han podido darle un cargo de tanta responsabilidad a un inútil como Pedro. Verdaderamente hay cosas que ....
a) claman al cielo
b) miran de reojo
c) están por las nubes
d) caen de la mano

303. Desde los tiempos de la Universidad se veía que Santiago se dedicaría a la política, pues pronto empezó a .... por su gran capacidad para la oratoria.
a) salir por la tangente
b) entrar a saco
c) dar el pego
d) hacerse notar

304. Gracias a que tu madre supo .... a la discusión que tuvo con los vecinos por el tema de los ruidos a altas horas de la noche, las aguas han vuelto a su cauce.
a) rizar el rizo
b) quitar hierro
c) dar morcilla
d) enredar la madeja

305. Después de pasarse Julián todo el curso tras la publicación de la tesis, todo .... porque le han ofrecido un trabajo en una conocida empresa.
a) ha quedado en agua de borrajas
b) está a la orden del día
c) es la repera
d) arroja luz

306. Para ir a trabajar todas las mañanas tirábamos por la autovía porque por el centro se formaban unos atascos ....
a) de armas tomar
b) de aquí te espero

c) de ordinario
d) de la vieja guardia

307. Después de haber estado algunos años en el anonimato, el prometedor actor .... y ahora todo el mundo habla de él.
a) ha hincado los codos
b) ha molido los huesos
c) ha montado en cólera
d) ha vuelto por sus fueros

308. Como la conferencia entraba en el examen, los estudiantes .... durante la hora y media que duró.
a) no perdieron comba
b) echaron las tripas
c) las pasaron moradas
d) leyeron la cartilla

309. Tarde o temprano Antonio se dará cuenta del error que ha cometido no presentándose a esas oposiciones. Se ve que pese a su capacidad ....
a) no las tenía todas consigo
b) era harina de otro costal
c) no estaba el horno para bollos
d) era la repanocha

310. En época de rebajas .... comprar cosas que continuamente vamos a necesitar y en las que rara vez pensamos.
a) hace hincapié
b) trae cuenta
c) pierde terreno
d) deja colgado

311. – ¿Nos animamos a ir al teatro esta noche?
– Me parece una idea estupenda, pero .... no haya algo que valga la pena en la cartelera, yo no me muevo de casa.
a) por más que
b) a menos que
c) en vista de que
d) con tal de que

312. Tu prima ya se pasó unas buenas vacaciones a cuerpo de rey en nuestra casa de veraneo, así que si quiere repetir este año, tendrá que .... en las tareas de casa.
a) darse el bote
b) llegar a las manos
c) echar una mano
d) llegar a puerto

313. No es mala idea la de .... de vez en cuando respirando aire fresco, pasear por el campo o pasar algún fin de semana que otro inolvidable.
a) darse un garbeo
b) quitarse el sombrero
c) quitarse de en medio
d) darse pisto

314. En aquel restaurante parecía que los extranjeros no caían muy bien: cada vez que entraba alguno, los clientes le ....
a) buscaban las cosquillas
b) daban la puntilla
c) miraban de lado
d) tenían entre manos

315. Una vez más Joaquín se ha quedado .... triunfo. Esperemos que, como se suele decir, a la tercera va la vencida.
a) a las puertas del
b) al filo del
c) a ras del
d) en vista de

316. Cada vez que los niños pasaban por delante de aquel establecimiento con los escaparates llenos de tartas rebosantes de merengue, ...
a) se les hacía la boca agua
b) se bajaban los pantalones
c) se dejaban la piel
d) se rompían la crisma.

317. Para dejar de una vez por todas los malentendidos entre los socios de aquella compañía, la única solución era ....
a) salirse por la tangente
b) hacer borrón y cuenta nueva
c) no ver tres en un burro
d) no saber de la misa la media

318. Hoy día los planes privados de pensiones son una mina, ... a la larga esta dinámica traerá mayores carencias.
a) con tal de que
b) siempre que
c) a sabiendas de que
d) a fin de que

319. A pesar de una larga carrera en el teatro, esa actriz no es capaz de .... y dedicarse a su familia.
a) mezclar las churras con las merinas
b) armarse un lío
c) hacer mutis por el foro
d) darse pisto

320. Para evitar que la discusión se alargara todavía más, no tuvimos más remedio que darnos por vencidos y así poder ....
a) echar el resto
b) curarnos en salud
c) coger el portante
d) hablar por los codos

321. Durante la última manifestación de estudiantes, los altercados .... y se transformaron en golpes, insultos y porrazos.
a) subieron de tono
b) dieron una lección
c) metieron caña
d) se subieron a las barbas

322. Ese profesor sigue .... que sus conferencias nunca superan el tiempo que se le da y de este modo sabe respetar a los otros conferenciantes.
a) teniendo a gala
b) teniendo en la punta de la lengua

c) llevándose de calle
d) dejando caer

323. Para Isabel vivir en un apartamento ...., acostumbrada como estaba a una vida en contacto directo con la naturaleza.
a) ha sido un palo
b) ha sido menester
c) ha dado el pego
d) ha sido otro cantar

324. Aunque los socios no le habían pedido todavía la dimisión al presidente, este tendría que .... dada la difícil situación económica del club.
a) refanfinflársela
b) pirársela
c) dárselas
d) planteársela

325. Como todo lo que gana lo derrocha ...., Miguel se ve obligado a usar las tarjetas para poder sobrevivir.
a) a granel
b) de mano en mano
c) a espuertas
d) a montones

326. La única forma que tenía Julia para .... de quien era la chica que cotejaba su hermano, era la de salir de copas una noche con su pandilla.
a) arrimar el hombro
b) hacerse lenguas
c) llenarse la boca
d) matar la curiosidad

327. No tiene el menor sentido que volvamos a confiar en ese fontanero. Ya son muchas veces las que ha intentado .... diciéndonos que se ocuparía de arreglar la pérdida de agua de la piscina y después nada.
a) darnos gato por liebre
b) vendernos la burra
c) tomar tierra
d) guardarse las espaldas

328. Desde luego la gente que se dedica al estudio, generalmente no es muy dada a los trabajos caseros, y como .... quién mejor que nuestro amigo Miguel.

a) cara de palo
b) botón de muestra
c) ojo avizor
d) cabeza de chorlito

329. Durante las noches de verano el parque del centro estaba repleto de ...., de ahí que se vieran niños por todas partes.
a) escarabajos picudos
b) caballos blancos
c) caballitos del diablo
d) saltamontes

330. Pedro de nuevo ha vuelto a .... Y que conste que antes de presentarle a mis nuevos amigos, le advertí que no dijera nada de mis intenciones de irme al extranjero.
a) tirar la casa por la ventana
b) meter la pata
c) rizar el rizo
d) hacer de su capa un sayo

331. ¡Ni en sueños podía creer una cosa como esta! Antes Andrés .... y ahora compagina varios trabajos con los estudios.
a) llevaba la voz cantante
b) ponía el grito en el cielo
c) no daba golpe
d) se enterraba en vida

332. Muchas de las productoras cinematográficas .... para demostrar que la película adaptada no ha sido rentable en taquilla y, así, no tener que pagar su parte de ganancias al autor.
a) echan el resto
b) traen a cuento
c) hincan los codos
d) se hacen humo

333. En nuestro país la balanza comercial, ..., la diferencia entre lo que se exporta y lo que se importa, dejó de ser deficitaria hace algunos años.
a) y en paz
b) en conclusión
c) en concreto

d) o sea

334. Por mucho que te esfuerces, no conseguirás .... a tu hijo la idea de hacer un viaje a Perú con mochila. Es una idea que ha estado madurando desde hace tiempo y no parará hasta llevarla a cabo.
a) traer a colación
b) quitarle de la cabeza
c) sacarle de quicio
d) traer a cuento

335. Hace dos meses que Antonio abrió el bar del centro y no se ve mucho movimiento, pero tampoco habría que alarmarse porque ....
a) se sube por las paredes
b) no da abasto
c) está en mantillas
d) está que arde

336. Son muchos los socios del club que esperan que .... sobre el fichaje del pívot antes de que empiece la temporada baloncestística.
a) se hagan migas
b) se deshoje la margarita
c) se abra una brecha
d) se haga tabla rasa

337. Como Rafael siempre .... a lo que le decían sus padres sobre los ahorros, ahora se encuentra con el agua al cuello.
a) se ha dado el pico
b) ha sacado jugo
c) ha hecho oídos sordos
d) ha hecho de tripas corazón

338. A ese conocido cirujano .... por tener que echar una mano en las tareas de su casa.
a) se le hace la boca agua
b) no se le caen los anillos
c) se le cruzan los cables
d) se le complica la vida

339. Todos los opositores parecían tranquilos esperando los resultados de la primera prueba, pero, la realidad era que a ninguno ....
a) le llegaba la camisa al cuerpo
b) le salía el tiro por la culata
c) le entraba en la cabeza
d) se le hacía la boca agua

340. Esa cantaora tiene una gran voz, ... cada tema que interpreta es una estupenda recreación.
a) a sabiendas de que
b) en vista de que
c) conque
d) de tal manera que

341. Apenas nuestro equipo ...., el rival se le subió a las barbas y empató el partido en solo quince minutos.
a) se cruzó de brazos
b) bajó la guardia
c) tiró la casa por la ventana
d) entró a saco

342. No me gustaría tener que repetírselo porque ya se lo he dicho más de una vez: le .... y no se hable más.
a) he dado mi palabra
b) he pasado por las narices
c) he echado el guante
d) he puesto los puntos sobre las íes

343. De aquí a una hora saldrá el autobús para Madrid, así que o nos damos prisa o ....
a) salimos pitando
b) nos salimos por peteneras
c) nos quedamos en tierra
d) echamos el resto

344. La policía logró localizar al ladrón en una vivienda de alquiler que estaba registrada .... un amigo suyo.
a) en nombre de
b) en función de

c) a nombre de
d) en términos de

345. Como en aquel tren nadie ...., lo mejor fue buscar un hueco para subir lo antes posible.
a) hacía manitas
b) estiraba la pata
c) veía los cielos abiertos
d) guardaba cola

346. Aunque la primera parte de la película está muy bien construida, el resto no es ni más ni menos que un .... drama.
a) mondo y lirondo
b) simple y llano
c) claro y rotundo
d) contante y sonante

347. .... la entrevista que el artista concedió a la televisión, se ve que no tiene una gran estima por el arte que practica.
a) A juzgar por
b) A efectos de
c) En mengua de
d) A espaldas de

348. No veo nada claro que tu hijo ...., pues está ya metido en los veinte y sigue dando tumbos de un lado para otro.
a) trague quina
b) siente la cabeza
c) haga mutis por el foro
d) dé la serenata

349. Hay gente que se pasa toda la vida .... Y es que hoy en día es la única forma para conseguir lo que se quiere.
a) haciendo de su capa un sayo
b) pelando la pava
c) echando el resto
d) tirando de la levita

350. Él siempre ...., de ahí que apenas tuviera amigos.
a) fue harina de otro costal

b) fue de buen comer
c) fue muy suyo
d) fue profeta en su tierra

351. Dolores se leía .... los apuntes de clase días antes de los exámenes y con este sistema nunca le fue mal.
a) de pacotilla
b) a las claras
c) de corrido
d) de sopetón

352. Parte del crecimiento del cerebro se debe a la propia mielina, que aumenta su volumen, ... a las neumas, que se van expandiendo.
a) tal como
b) tanto como
c) igual que
d) así como

353. Todos sabían que el jugador estrella del equipo .... en un club extranjero, pero mantenían la esperanza de que se quedara hasta que firmara el nuevo contrato.
a) tenía las horas contadas
b) tenía un pie y medio
c) pendía de un hilo
d) cortaba el rollo

354. Al final lo que hicimos fue meternos por unos callejones y de este modo .... todo el tráfico que se había acumulado por el centro.
a) tocar fondo
b) pasar de
c) pasar por las narices
d) hacer asco

355. Los Fernández suelen pasarse todos los fines de semana en la sierra. Ahí los niños corren .... y ellos se relajan dando de lado al estrés del trabajo.
a) a sus anchas
b) al rape
c) en el fondo

d) a rabiar

356. Ni que decir tiene que si Antonio quiere entrar en la Universidad, tendrá que ponerse a .... porque la competencia es mucha.
a) torcer el morro
b) ver la luz
c) hincar los codos
d) coger la palabra

357. Ella es así y no la vas a cambiar de la noche a la mañana. Le he aconsejado varias veces que deje los trabajos temporales y se dedique a terminar la carrera, pero sigue ....
a) haciendo oídos sordos
b) echándose al monte
c) predicando en el desierto
d) pisando fuerte

358. Se ve que a Pedro .... porque no para de moverse de una lado para otro.
a) se la refanfinfla
b) le han puesto a parir
c) le ha entrado el hormiguillo
d) le revuelve el estómago

359. Mi hermano es de los que .... solo cuando ve que los exámenes están al caer.
a) hacen de tripas corazón
b) ven el cielo abierto
c) se paran en seco
d) se ponen las pilas

360. Desde hace tiempo Miguel .... prepararnos unas chuletitas acompañadas de un pastel de boniato que le sienta al cordero de maravilla.
a) hace valer
b) entra en la cabeza
c) se lleva de calle
d) trae en la cabeza

361. Con el nuevo tarifazo en el transporte público se ha socavado .... como el de fomentar la movilidad del ciudadano.
a) un pilar básico
b) una pieza básica
c) una línea de salida
d) un principio fundamental

362. Si María se ha empeñado en ir a India el próximo verano, no creo que te sea fácil ....
a) quitárselo de la sesera
b) escurrir el bulto
c) hincar la rodilla
d) meter la gamba

363. Cada vez son más los jóvenes que quieren estudiar FPS (Formación Profesional Superior) para poder acceder a un puesto de trabajo .... su vocación.
a) a ras de
b) al filo de
c) acorde con
d) al hilo con

364. Ante los rumores sobre los recortes de la empresa, Juan se presentó ante su jefe dispuesto a .... si era necesario.
a) poner los puntos sobre las íes.
b) pasar las de Caín
c) bailar con la más fea
d) rizar el rizo

365. Pese a que se gastaba una pasta gansa, a ella le gustaba frecuentar ese restaurante de lujo porque encontraba mucha ....
a) gente guapa
b) gente de a pie
c) gente de bien
d) gente menuda

366. Antonio es de esas personas en las que no puedes confiar. La semana pasada me prometió que se pasaría por casa para ir al teatro y me .... esperándole.

a) molió los huesos.
b) dejó plantado
c) revolvió la bilis
d) puso el grito en el cielo

367. Paseando por el casco antiguo de la ciudad, encontramos .... puestos en los que vendían abalorios de todo tipo.
a) una jauría de
b) una marea de
c) una manada de
d) una turba de

368. Lo mejor será que vayamos .... antes de que la empresa eche el cierre definitivo.
a) tomando el portante
b) haciendo cuentas
c) leyendo la cartilla
d) enmendando la plana

369. Estuvimos toda la tarde hablando sobre la relación de tu cuñado con la vecina, pero, al final, fue poco lo que ....
a) nos echamos al cinto
b) nos llevamos por delante
c) sacamos en claro
d) dejamos correr

370. Al conocido delincuente le han bastado unos días para que .... Esta vez se ha tratado de un atraco a mano armada a una joyería con un botín de más de cien mil euros.
a) haya vuelto a las andadas
b) haya puesto el grito en el cielo
c) haya perdido la chaveta
d) haya dado la murga

371. .... parece ser que para la extensión del copago en los productos para terapias dietéticas, el Gobierno no ha fijado una fecha.
a) En el momento
b) Por momentos
c) Por el momento

d) En un momento

372. Viendo la escasa recaudación del último concierto, se comprende que no era mucha la gente que se había decidido a ....
a) hacer de tripas corazón
b) pasar revista
c) mojarse el culo
d) pasar por taquilla

373. Las últimas declaraciones del alcalde sobre el corte del tráfico en el centro del pueblo han enrarecido el ambiente. Durante las últimas semanas esta .... de todos los bares.
a) está como un cencerro
b) es la reoca
c) es la comidilla
d) es la pera

374. Si María le .... a Ramón en su momento, no me cabría la menor duda de que ahora otro gallo le cantaría.
a) hubiera parado los pies
b) hubiera echado el cierre
c) hubiera dado alas
d) hubiera dorado la píldora

375. Pocos eran los que .... por la victoria de la selección de fútbol tras las últimas derrotas, pero al final ya se sabe, cuando menos se piensa, salta la liebre.
a) daban un duro
b) estiraban la pata
c) se hacían la boca agua
d) bebían los vientos

376. Los continuos éxitos de ese joven escritor podrían dejar un poco de frustración en quienes querrían que también .... en el mercado de ventas.
a) aguara la fiesta
b) llevara la voz cantante
c) se saliera por la tangente
d) acabara como el rosario de la aurora

377. El presupuesto de esa empresa comercial tendrá que reducirse .... debido a la caída de ingresos. Todo ello se realizará con un severo plan de austeridad.
a) en marcha
b) sin más ni más
c) a marchas forzadas
d) en cuerpo y alma

378. A esa joven no le ha venido mal el premio de la lotería. Últimamente con lo del cierre de la empresa del padre ....
a) se iba por la tangente
b) estaba seca
c) doblaba el espinazo
d) estaba sobre aviso

379. Lo único que le faltaba a Julio para .... era decirle que le ha llegado el pago del seguro del coche. Lo mejor será dejarlo para otra ocasión.
a) echarle una mano
b) cortarse la coleta
c) darle la puntilla
d) estar en candelero

380. ¿Que te apetece dar un paseo? Pues, vale. ¿Que prefieres ir a la playa? ....
a) Más de lo mismo
b) Tres cuartos de lo mismo
c) Así mismo
d) De pleno

381. Como en ese bar a los camareros les pagaban el mínimo posible por horas de trabajo, todos se limitaban a ....
a) pasarlas moradas
b) hacer de su capa un sayo
c) enmendar la plana
d) cubrir el expediente

382. Visto que en el debate nadie ...., mucha gente empezó a coger los bártulos.

a) se hacía el loro
b) se echaba a perder
c) daba su brazo a torcer
d) metía la cuchara

383. Mi amiga Antonia llevaba varios veranos sin poder tomarse unas vacaciones, de ahí que esta vez se decidió a .... y hacer un buen viaje por todo el sudeste asiático.
a) exagerar la nota
b) tirar la casa por la ventana
c) vender la burra
d) partir el alma

384. En estos días vengo notando un fuerte dolor de espaldas. Ayer, ..., me quedé en la silla toda la tarde porque apenas podía moverme.
a) entre paréntesis
b) a ojos cerrados
c) de oídas
d) sin comerlo ni beberlo

385. Por el modo en que fue asesinado el transeúnte, la policía cree que se trate de .... por asunto de estupefacientes.
a) una carrera de obstáculos
b) un libro abierto
c) un ajuste de cuentas
d) un tour de force

386. Hoy todo me ....: por la mañana me han comunicado que he aprobado el examen de estadística y, por la tarde, me he encontrado que han aceptado mi solicitud para trabajar en el banco durante el verano.
a) ha venido rodado
b) ha caído gordo
c) ha olido a chamusquina
d) ha venido a colación

387. Mi hermano lleva una semana en Londres, y ya ha encontrado trabajo en una discoteca. Lo suyo verdaderamente es ....

a) el pan nuestro de cada día
b) llegar y besar el santo
c) andarse por las ramas
d) ser de armas tomar

388. A pesar de que .... sobre la presencia del famoso futbolista brasileño en la isla, hasta ahora nadie lo ha visto por ninguna parte.
a) se han oído campanas
b) hilan fino
c) se han lanzado las campanas al vuelo
d) han metido la tijera

389. Tras las últimas derrotas nuestro equipo .... todo el trabajo de una temporada, por lo tanto habrá que esperar a otra ocasión mejor.
a) se ha echado al coleto
b) se ha sacado de la manga
c) ha echado por la borda
d) ha puesto en bandeja

390. Ante cuadros como los de Sorolla no hay más remedio que .... Verdaderamente es el pintor de la luz.
a) pisar fuerte
b) arrimar el hombro
c) quitarse el sombrero
d) coger la puerta

391. La verdad es que Pablo es .... He intentado varias veces explicarle cómo se prepara la Declaración de la Renta, pero nada.
a) de tres al cuarto
b) corto de entendederas
c) parco en palabras
d) entrado en años

392. Debido a las altas temperaturas, la pobre anciana se desmayó con tan mala fortuna que .... con el bordillo de la acera.
a) se dio de coronilla
b) no cupo en sí
c) puso punto
d) se dio postín

393. En nuestro Departamento quien verdaderamente .... es Alberto. No hay situación, por complicada que sea, en la que él no encuentre solución.
a) sigue en sus trece
b) anda de capa caída
c) va tirando
d) saca las castañas del fuego

394. Una vez más Pepe .... de entrar en la Junta, aunque no le ha ido mal porque ha llegado hasta la tercera prueba.
a) ha limado las asperezas
b) se ha quedado con las ganas
c) ha cortado las alas
d) se ha quedado colgado

395. Lo peor que puedes hacer en una situación tan delicada como esa, es dejarte llevar por los sentimientos .... Tómate un poco de tiempo, y ya verás cómo ves las cosas de otro modo.
a) a rabiar
b) sin más ni más
c) entre ceja y ceja
d) a oscuras

396. ¡Que te piensas traer a la antipática de tu hermana a pasar todo el verano con nosotros en la sierra! .... Lo que es conmigo no cuentes.
a) Hasta ahí podíamos llegar
b) Me quito el sombrero
c) Me voy de la lengua
d) Me encojo de hombros

397. A mi madre le gustan los espejos .... para poder ver cómo le queda la ropa que se pone.
a) de cuerpo entero
b) en limpio
c) a destajo
d) de armas tomar

398. Con la llegada de los actores a la presentación de la película se armó tal tinglado que algunos aprovecharon para .... vendiendo helados.
a) hacer de su capa un sayo
b) tomar cartas en el asunto

c) hacerse valer
d) hacer el agosto

399. Últimamente los nietos aparecían por casa de los abuelos ...., de ahí que estos no fueran con ellos tan generosos como otras veces.
a) de fogueo
b) a porrillo
c) con cuentagotas
d) a la postre

400. Después de pasarse toda la vida .... por la empresa, de buenas a primeras le dicen que no tienen más remedio que despedirle porque apenas hay trabajo.
a) dando tumbos
b) atando cabos
c) rompiéndose el espinazo
d) lanzando la toalla

401. Cuando le dijeron a Ramón lo de la enfermedad de su cuñado, ...
a) se rascó el bolsillo
b) se las piró
c) puso los puntos sobre las íes
d) se quedó de piedra

402. Por fin han podido abrir el restaurante ...., aunque tampoco deberían extrañarse si a última hora aparece el Ayuntamiento con un nuevo impuesto.
a) en seco
b) con todas las de la ley
c) a quemarropa
d) a mucha honra

403. Después de tantos años .... en el campo literario, ese escritor sigue siendo un descreído de los premios y manteniéndose fiel a su estilo.
a) dale que dale
b) de sopetón
c) de trapillo
d) de corrido

404. .... nos compraríamos una casa antigua del centro en la que faltaran las mínimas comodidades.
a) Ni por todo el oro del mundo
b) A plazos
c) A la larga
d) A vuelapluma

405. El tema de la política le ponía a Juan ....: siempre acababa mal con alguien y tenía que largarse para que la sangre no llegara al río.
a) al sereno
b) de órdago
c) de los nervios
d) a montones

406. Cuando estuvimos en Alemania en casa de nuestros primos nos trataron .... Ahora que vuelven a España tendremos que estar a la altura.
a) a cuerpo de rey
b) a bombo y platillo
c) a fondo
d) a trancas y barrancas

407. La fama de algunos periodistas crece .... la polémica que puede crearse con algunos de sus artículos.
a) a la sombra de
b) en fase de
c) en nombre de
d) al olor de

408. La corbata que se ha comprado Alberto para el traje oscuro ....: se ve que tiene el sentido del gusto un poco extraviado.
a) no le pega ni con cola
b) se echa encima
c) quita de la sesera
d) parte el bacalao

409. Quedaban algunas cláusulas del nuevo contrato por firmar, pero el acuerdo esta vez sí que iba ....
a) a todo plan

b) de pleno
c) en firme
d) a secas

410. En el mismo momento en el que el director del banco comunicó que habría reducción de sueldo, Pedro, ..., le respondió que le fuera preparando el finiquito.
a) Ni corto ni perezoso
b) a posta
c) al pie de la letra
d) ni a la de tres

411. Entre las carreras de un lado para otro para sacar comisiones y el poco tiempo para comer, el visitador médico .... este verano.
a) se las ve y se las desea
b) se ha quedado en el chasis
c) se ha dado un tute
d) ha tomado el rábano por las hojas

412. La joven miss vuelve a .... por unas polémicas fotos en una revista del corazón.
a) bailar con la más fea
b) estar en el ojo del huracán
c) seguir en sus trece
d) sacar las castañas de fuego

413. La visita de nuestros amigos jienenses fue .... Esperemos que la próxima vez tengamos tiempo para tomar al menos un café.
a) el pan nuestro de cada día
b) un quiero y no puedo
c) un visto y no visto
d) un dicho y hecho

414. Si tengo que serte claro, te diré que me .... que cada dos por tres los medios de transporte convoquen una huelga.
a) rasca el bolsillo
b) toca los cojones
c) revuelca de risa
d) llama a capítulo

415. La sala del cóctel estaba de bote en bote, pero, a pesar de todo, más de uno se las apañaba para .... entre la gente y llegar hasta las bandejas.
a) abrirse paso
b) hacer de su capa un sayo
c) pasarlas moradas
d) tirarse al monte

416. Había que .... para aguantar a gente como la de aquel Departamento, pero Miguel tenía mucha mano izquierda y no se arrugaba.
a) tener algo en el buche
b) tener estómago
c) andar con pies de plomo
d) escurrir el bulto

417. Lamentablemente Antonio no podía .... en los estudios, no obstante sus padres seguían erre que erre.
a) dar más de sí
b) sacar las castañas del fuego
c) olerse la tostada
d) hacer buenas migas

418. Desde que los dos amigos pusieron las cosas en su sitio, ...
a) se las ven negras
b) están a partir un piñón
c) se les han subido los humos
d) están apañados

419. Hoy estoy que .... Lo mejor hubiera sido quedarme en casa todo el día por asuntos propios.
a) rompo moldes
b) sigo la corriente
c) no tengo sangre en las venas
d) no doy pie con bola

420. No tienes por qué .... de las palabras que te ha dicho tu director de tesis: sabes muy bien lo que piensa de ti y, si te ha criticado, es por tu bien.
a) rizar el rizo
b) hacer un mundo
c) hacer ascos
d) encogerte de hombros

421. En el desfile de la Alta Costura, un color, como el verde manzana, fue .... de toda la colección presentada.
a) el hilo conductor
b) al alma máter
c) el cuerpo del delito
d) la voz cantante

422. Un trabajador como él estaba .... de los empresarios por sus continuas reivindicaciones sociales.
a) a verlas venir
b) a ráfagas
c) a dos velas
d) en el punto de mira

423. Aunque su padre se lo había explicado ...., Alberto seguía haciendo oídos sordos.
a) de corrido
b) por activa y por pasiva
c) a todo plan
d) en un santiamén

424. La epidemia del VIH sigue .... los grupos más débiles de población, jóvenes entre 15 y 24 años y mujeres.
a) pegándosela a
b) pelando la pava con
c) metiendo la tijera a
d) cebándose con

425. .... las elevadas tasas de abandono escolar tiene que ver con el escaso gancho de la Formación Profesional, de ahí que se esté estudiando elevar su consideración social.
a) A mi entender
b) A manos llenas
c) Al respecto
d) Al dedillo

426. Ella quería saber ...., antes de tomar una decisión, cuál iba a ser la reducción de la plantilla que pretendía hacer su empresa.

a) a diestro y siniestro
b) de primera mano
c) de balde
d) de un tirón

427. A los padres ...., cuando en el consulado les dijeron que solo podían renovar el pasaporte del hijo para el cual habían solicitado la cita y no el del otro más pequeño.
a) se les quedó la cara de palo
b) se les puso el listón alto
c) se les hizo la boca agua
d) se les pusieron los pelos de punta

428. Finalmente los Montero .... con el profesor particular de su hijo: ha salido limpio para el verano.
a) han sudado la gota gorda
b) han remachado el clavo
c) se han salido por la tangente
d) han dado en la tecla

429. Que no te quepa la menor duda de que Milagros es de las que .... si una situación lo requiere.
a) no caben en sí
b) dan el callo
c) tuercen el morro
d) dan la nota

430. He presentado la solicitud en el Ministerio ...., así que espero que esta vez no me la vuelvan a echar para atrás.
a) a simple vista
b) en toda la extensión de la palabra
c) como mandan los cánones
d) a tientas

431. Con los tiempos que corren, mejor será .... porque con la que se avecina...
a) apretarse el cinturón
b) dar la puntilla

c) hilar fino
d) hacer tiempo

432. Como aquellas callejuelas les ...., decidieron dar marcha atrás e ir por la zona del centro.
a) hacían notar
b) echaban el ojo
c) metían baza
d) daban mala espina

433. Finalmente Pedro se decidió a ir al médico a que le hiciera una exploración ....: mareos, laxitud y todo tipo de dolores.
a) en seco
b) a bote pronto
c) a fondo
d) de boquilla

434. Para zanjar de una vez por todas las rencillas con los vecinos, la joven extranjera decidió .... y hacer la vida por su cuenta.
a) barrer para adentro
b) ponerse el mundo por montera
c) tender la mano
d) llevarse la palma

435. Lo que se pensaba que iba a ser la gran fiesta del año, con la presencia de famosos grupos musicales, ... con la tromba de agua que cayó.
a) acabó como el rosario de la aurora
b) vino rodado
c) se salió de madre
d) se llevó la palma

436. Con la nueva reforma penal queda eliminado .... todo el catálogo de faltas, sin que eso signifique que vayan a quedar impunes faltas como las de la actividad de los carteristas.
a) a la postre
b) de un plumazo
c) a rajatabla
d) en su fuero interno

437. Las pruebas toxicológicas determinarán .... si los querellantes habían consumido drogas antes de enzarzarse en la pelea que terminó con ellos en el hospital.
a) a flor de piel
b) en última instancia
c) a tientas
d) por ventura

438. Las continuas preguntas de los periodistas al entrenador destituido terminaron por ....
a) marearle la perdiz
b) ponerle los pelos de punta
c) sacarle de sus casillas
d) enmendarle la plana

439. Antonio no se pierde un partido de su equipo cada vez que juega en casa. A su hermano, al contrario, es difícil que .... por un estadio.
a) arme la marimorena
b) se le vea el pelo
c) caiga de pie
d) dé la cara

440. Aunque la parroquia no quedaba cerca de su casa, ellos preferían ir .... a tener que coger el coche.
a) a pie
b) en pie
c) de pie
d) a pies juntillas

441. Tu artículo quedaría perfecto si le .... y te ciñeras al argumento tratado.
a) rizaras el rizo
b) buscaras las cosquillas
c) quitaras un poco de paja
d) midieras las palabras

442. Antes de seguir siendo .... en su Departamento, el director prefirió dejar su cargo a alguno de los que venían empujando.
a) un alma en vilo

b) carne de cañón
c) un golpe bajo
d) un libro abierto

443. Después de las críticas recibidas por las últimas e inesperadas derrotas, el tenista campeón .... por lo que pudiera llegar.
a) seguía en sus trece
b) mantenía las espadas en alto
c) rompía moldes
d) no se bajaba del burro

444. Te puedo asegurar que la compra que piensas hacer vale la pena .... la Declaración de la Renta.
a) al extremo de
b) en dependencia de
c) en calidad de
d) a efectos de

445. Pedro nos dijo que nos devolvería la llamada, pero volvió a ....
a) campar por sus respetos
b) darnos la callada por respuesta
c) llamarnos la atención
d) llegar a mayores

446. Desde que volvió de Suiza, ese gallego sigue .... La verdad es que tal como están las cosas, es algo que no todo el mundo puede hacer.
a) viviendo del cuento
b) armando la de Dios es Cristo
c) dando la nota
d) cubriendo el expediente

447. Toda la prensa nacional .... la visita del famoso actor americano a un centro comercial en las afueras de Madrid.
a) ha cambiado de tercio
b) ha dado cuenta de
c) ha puesto como un trapo
d) ha hecho cisco

448. No vale la pena que le des consejos a Marcos porque se pasa todo el tiempo .... y, al final, nada de nada.
a) recogiendo velas
b) dando la cara
c) rascándose el bolsillo
d) papando moscas

449. Que no quieres que te eche una mano, pues .... Lo que es conmigo, no vuelves a contar.
a) llévate la palma
b) toma la puerta
c) que te zurzan
d) riza el rizo

450. De madrugada, en aquel barrio no se podía .... con el ruido de los bares, por lo que tuvimos que mudarnos a una zona más tranquila.
a) dar en el clavo
b) sacar las tripas de mal año
c) pegar ojo
d) romper el fuego

451. Aunque las críticas le lluevan de todas partes por sus continuas fiestas, ese futbolista es de los que dicen ....
a) que si te vi, no me acuerdo
b) que me quiten lo bailao
c) que hablando se entiende la gente
d) que viva la Pepa

452. Después de todo lo sucedido, si los dos amigos no ...., difícilmente podrán continuar con su negocio.
a) pagan el pato
b) hacen borrón y cuenta nueva
c) se arman hasta los dientes
d) van contra corriente

453. ¿Tú crees que voy a hacer toda la traducción durante el fin de semana? ¡.........................!
a) Ya está bien

b) Punto en boca
c) Y un pimiento
d) Y santas pascuas

454. Fuese por la razón que fuese, el caso es que Manuel no se presentó a la cita y nos .... a todos.
a) dejó plantados
b) pidió la luna
c) dejó con la miel en los labios
d) puso firmes

455. Los bares del paseo marítimo con tanta gente .... durante el verano, porque apenas uno podía hacerse entender.
a) eran la carabina de Ambrosio
b) partían por el eje
c) eran otro cantar
d) eran una olla de grillos

456. Hoy se verá una gran afluencia de público en el castillo, ya que es ....
a) jornada intensiva
b) jornada de reflexión
c) jornada laboral
d) jornada de puertas abiertas

457. Dada la difícil situación de la herencia, la hija menor no tuvo más remedio que poner el caso .... un abogado.
a) en manos de
b) de la mano de
c) al mando de
d) a manos de

458. Los ingresos de esa familia ....: la pensión del padre y el trabajo temporal del hijo mayor.
a) pasan por el tubo
b) están fuera de lugar
c) son la reoca
d) son habas contadas

459. Desde que lo hicieron profesor titular, Juan es otro. Se ha perdido la sintonía que había en su Departamento, porque .... a todos sus compañeros.
a) saca las castañas del fuego
b) mira por encima del hombro
c) habla por los codos
d) pone a parir

460. ¿Conque estudiando? ¿Pero no me habías dicho que no podías salir porque estabas .... para un examen?
a) hincando los codos
b) haciendo tilín
c) levantando ampollas
d) entrando a saco

461. Con la llegada del nuevo técnico, todos los problemas del equipo empezaron a resolverse .... sin darles revuelo como antes.
a) de cara a la galería
b) de pelo en pecho
c) de puertas para adentro
d) por libre

462. Ellos nos dijeron que vendrían a nuestra fiesta de cumpleaños, ... no podrían por sus múltiples compromisos.
a) salvo que
b) aun sabiendas de que
c) después de que
d) con tal de que

463. Y eso fue todo: a Dolores le .... en su empresa, pero nada de nada.
a) prometieron el oro y el moro
b) tomaron la palabra
c) marearon la perdiz
d) hicieron el vacío

464. Con la reducción de horas de trabajo, al pobre Antonio que se había quedado sin el alquiler del piso, le ....
a) sacaron de sus casillas
b) dieron la puntilla

c) dieron la murga
d) miraron de lado

465. Como a María le .... poder seguir los cursos por su trabajo, no tuvo más remedio que dejar la Universidad antes de perder la salud.
a) iba a la zaga
b) costaba Dios y ayuda
c) salía por una pasta
d) entraba por un oído y le salía por otro

466. A Salvador le gusta ...., por eso nunca acompaña a su mujer cuando va de compras.
a) ir a tiro hecho
b) rascarse el bolsillo
c) salirse por la tangente
d) vivir del cuento

467. Ten cuidado con ese guiri amigo tuyo porque .... y, cuando menos te lo pienses, te llevarás un desengaño.
a) cae en gracia
b) sabe latín
c) quita hierro
d) está fuera de lugar

468. Mientras el médico nos leía los resultados de los análisis, todos nos mirábamos como si nos ....
a) diera un pregón
b) pusiera el broche de oro
c) midiera las palabras
d) hablara en chino

469. .... cenizo de Antonio había infinidad de anécdotas: unas creíbles y, otras, no tanto.
a) En aras del
b) En torno al
c) En vistas del
d) A raíz del

470. La dieta mediterránea con un suplemento de aceite de oliva o de frutos secos evita la aparición de problemas cardiovasculares .... una dieta baja en grasas.
a) alrededor de
b) a base de
c) de cara a
d) en comparación con

471. El endurecimiento de las condiciones de los universitarios con peores resultados será una de las líneas de actuación que .... el Ministerio de Educación, Cultura y Deporte.
a) sacará a flote
b) pondrá en práctica
c) hará gala
d) se echará encima

472. Que no tenga muy buenas relaciones con los suegros ...., pero de ahí a que pase con el coche y se haga el sueco al verlos esperando el autobús hay un abismo.
a) tiene un pase
b) va a misa
c) hace juego
d) no tiene pérdida

473. Desde que la madre le .... a José por las malas notas del primer semestre, las cosas empezaron a cambiar. Ahora se están viendo los frutos de una buena reprimenda.
a) abrió paso
b) leyó la cartilla
c) mareó la perdiz
d) sacó las entrañas

474. Nada más llegar al centro, nos fuimos al teatro .... a ver si quedaban algunos asientos libres.
a) en un abrir y cerrar de ojos
b) a pleno ritmo
c) de bulla y corriendo
d) en off

475. Ese joven tiene como pintor un futuro ....: con el pincel hace lo que quiere.
a) de cuidado
b) en ciernes
c) de mala muerte
d) de tres al cuarto

476. La inactividad afecta no solo a muchas personas obesas, sino también a aquellas con un peso normal, como los trabajadores que están horas delante de una mesa, o los que se pasan el tiempo ....
a) dale que te pego
b) mano sobre mano
c) a bombo y platillo
d) sin decir esta boca es mía

477. Dado lo ajustado del resultado, al final, paradójicamente, el equipo galáctico acabó ....
a) pidiendo la hora
b) mano sobre mano
c) saliéndose por la tangente
d) tomando la iniciativa

478. Tal como están los precios de las rebajas, no creemos que mucha gente vaya a .... este verano.
a) tirar la casa por la ventana
b) hacer de tripas corazón
c) liarse la manta a la cabeza
d) cargar las pilas

479. Las fuertes críticas, que ha recibido el conocido presentador de los distintos medios por sus declaraciones en el debate televisivo, le han hecho ....
a) comerse sus palabras
b) meterse en la boca del lobo
c) ponerle el cascabel al gato
d) estar en la onda

480. Aunque se rumoreaba que todo el papel para el concierto estaba vendido, ... acercarnos por el Palacio Municipal para ver si encontrábamos algo a última hora.
   a) nos vino en gana
   b) nos quitamos de la sesera
   c) pusimos en escena
   d) costaba caro

481. Encima de todo lo que has hecho por ella, ahora te lo paga con ....
   a) un cuchillo de sierra
   b) una puñalada trapera
   c) un cuchillo de aire
   d) el culo al aire

482. A Juan le .... el examen de física. Lo ha intentado varias veces, pero por lo que se ve, no hay forma de que apruebe.
   a) da mala espina
   b) pone a caer de un burro
   c) pone por las nubes
   d) trae de coronilla

483. La vida de ese desconocido escritor ha girado .... dos pilares: los libros y su ciudad natal.
   a) de cara a
   b) en torno a
   c) a ras de
   d) en pos de

484. En poco tiempo Miguel .... toda la empresa que a su abuelo le había costado años construir.
   a) ha sacado a colación
   b) ha echado por la borda
   c) ha puesto en marcha
   d) ha sacado a flote

485. Los representantes sindicales tuvieron una reunión con los trabajadores del metal ....
   a) a simple vista
   b) a título informativo

c) a hurtadillas
d) a palo seco

486. Ninguno de sus amigos podía entender cómo Elvira se había puesto en manos de un médico .... para un tema tan delicado.
a) de tres al cuarto
b) de armas tomar
c) de cabecera
d) de órdago

487. El partido entre los dos eternos rivales fue un continuo .... desde el primero hasta el último minuto, de ahí que nadie abandonara su localidad hasta el pitido final.
a) dale que te pillo
b) toma y daca
c) a lo hecho, pecho
d) a todo correr

488. Como bien comprenderás, no voy a dejarme .... por el primero que llega y me ofrece por la casa una cifra muy por debajo de su valor real.
a) pisar los talones
b) entrar a saco
c) poner el dedo en la llaga
d) vender la burra

489. Para no tener problemas con el loco de tu vecino, lo mejor que puedes hacer es .... y pasar de todo lo que haga.
a) entrar en detalles
b) llevarle la corriente
c) dorarle la píldora
d) barrer para adentro

490. En estos días se prevén temperaturas diurnas en ligero o moderado ascenso en toda la Península, ... las nocturnas serán algo más fresquitas.
a) a fin de que
b) mientras que
c) con tal de que
d) siempre que

491. El cierre de todo el centro de la ciudad por la presencia de los huelguistas hizo que los comerciantes empezaran a gritar .... protesta.
a) en señal de
b) en pos de
c) a nivel de
d) en materia de

492. El turismo de México es una de las actividades más importantes en ese país, ya que aparece colocado en los primeros lugares a nivel mundial .... turistas.
a) en manos de
b) en cosa de
c) en términos de
d) en fase de

493. Ese joven ya ha alcanzado una edad para ....: si quiere ir a trabajar al extranjero, allá él.
a) salir pitando
b) hacer de su capa un sayo
c) poner el listón alto
d) hacer milagros

494. No es la primera vez que le he comentado a Concha lo de hacer unas oposiciones antes de que las congelen. Finalmente parece que se ha convencido y que va a ....
a) ponerse manos a la obra
b) ser como una cera
c) salirse por la tangente
d) bajar el gallo

495. Hoy todo me ....: por la mañana voy al banco y veo que me han ingresado el dinero del contrato y, por la tarde, compro un número de los ciegos y me toca el tercer premio.
a) ha salido a pedir de boca
b) revuelve el estómago
c) viene en gana
d) viene al caso

496. Ella, ..., se presentó ante sus padres diciéndoles que pensaba casarse con un chico inglés que había conocido hacía algunas semanas en una discoteca del barrio.
   a) a ciegas
   b) sin comerlo ni beberlo
   c) al respecto
   d) de milagro

497. Aunque la nueva galería comercial que han abierto en el centro va tirando, su futuro no deja de .... ante la difícil situación económica actual.
   a) romper moldes
   b) sembrar dudas
   c) guardar las formas
   d) echar chispas

498. Nadie entiende por qué el benjamín de los hermanos es el que cada vez tiene que .... por los errores de los otros.
   a) pagar el pato
   b) echar un capote
   c) salirse por peteneras
   d) perder el hilo

499. La última exposición de Guerra gustó tanto que .... empezaron a llegarle ofertas de distintas instituciones.
   a) en menos que canta un gallo
   b) a la pata la llana
   c) a vuelapluma
   d) de soslayo

500. Con la borrachera .... que había cogido Tomás, no podía conducir, así que no tuvimos más remedio que llevarlo a su casa.
   a) de aquí te espero
   b) al rape
   c) de sopetón
   d) a tientas

501. En el desfile de la Alta Costura de primavera-verano, un color como el verde fue .... de toda la colección presentada.
   a) el alma máter
   b) la quinta esencia

c) la prueba de fuego
d) el hilo conductor

502. Al hijo de los Martínez .... cada vez que se toca el tema de lo guapo que es.
a) se le va el santo al cielo
b) se le suben los colores
c) le parten la cara
d) lo pasan por la vicaría

503. Que conste que yo ya le he advertido varias veces que no ...., pero si no me hace caso, allá él.
a) se salga por la tangente
b) se meta en ese berenjenal
c) se quite el sombrero
d) hinque los codos

504. El hermano de Pedro .... Basta que le pidas cualquier favor para que se desviva por ti.
a) es todo corazón
b) se queda corto
c) es un alma en pena
d) hace estragos

505. Por una casa como esa en las condiciones en la que está, ..., puedes pagar cincuenta mil euros, pero ni uno más.
a) a más no poder
b) a todo tirar
c) en su jugo
d) en su fuero interno

506. Con el despido de los últimos empleados, la agencia de viajes ....: ahora solo queda el jefe y un hermano suyo.
a) se ha quedado en cuadro
b) ha dado gato por liebre
c) ha sentado cátedra
d) se ha sacado la espina

507. Con su intervención en el debate la joven alcaldesa no quedó en buen lugar .... todos los invitados.

a) a los ojos de
b) en vista de
c) de cara a
d) a efectos de

508. Como su .... era bastante notorio, Maribel pidió la baja en el trabajo para evitar cualquier sorpresa.
a) estado de buena esperanza
b) estado de alerta
c) estado de cuentas
d) estado civil

509. Joaquín .... las tarjetas de crédito cuando llegaba el fin de mes y estaba sin un duro.
a) no podía ver ni en pintura
b) echaba por la borda
c) echaba mano de
d) pinchaba en hueso

510. Ese artículo .... muchas de las costumbres a las que las nuevas tecnologías nos están llevando.
a) tira de la manta
b) hace la corte a
c) lleva las riendas de
d) pone en solfa

511. El veterano actor se sentía muy feliz por el cariñoso recibimiento del público tras su vuelta a los escenarios y, con la ocasión, declaró que ....
a) se le había puesto la carne de gallina
b) había puesto el grito en el cielo
c) se le había hecho la boca agua
d) se había caído del guindo

512. Tal como estaban las cosas, ... que alguien tomara cartas en el asunto lo antes posible para que no se complicara aún más la situación.
a) revolvía el estómago
b) era menester
c) salía de dudas
d) iba a mayores

513. Jorge es muy despistado, pero te puedo asegurar que sabe muy bien lo que ....
   a) le toca las narices
   b) se trae entre manos
   c) se va al traste
   d) viene a cuento

514. Ya ves que en este pueblo solo .... ¡Y menos mal que gracias a la ermita aparece de vez en cuando algún que otro visitante!
   a) viven del cuento
   b) comulgan con ruedas de molino
   c) venden la burra
   d) hay cuatro gatos

515. Rodrigo .... que había hecho tres carreras, ahora bien, cuando se le escuchaba hablar, dejaba bastante que desear.
   a) tenía a gala
   b) echaba por el suelo
   c) pasaba por alto
   d) se le daba bien

516. Desde que se fueron a vivir a la parte alta de la ciudad, a los antiguos vecinos solo se los ve por aquí ....
   a) a raudales
   b) en último extremo
   c) de higos a brevas
   d) a quemarropa

517. Por mucho que le insistas, Paqui no va a ceder porque ....
   a) se las gasta
   b) es de cabeza cuadrada
   c) está al corriente
   d) es de armas tomar

518. Como ya te dije en su momento, ahora somos nosotros los que tenemos que ...., si no, no volveremos a contar con ella.
   a) abrir paso
   b) dar el callo
   c) rizar el rizo
   d) poner el broche de oro

519. Tras mucho ...., hemos conseguido saber que Pablo piensa casarse de nuevo apenas tenga el divorcio de su ex mujer.
a) salirnos por la tangente
b) echarnos al monte
c) probar fortuna
d) tirar de la manta

520. Son cada vez más los escritores que se adentran con éxito en la novela policíaca, incluso autores ya consagrados que han sido seducidos por este territorio del ....
a) género chico
b) género bobo
c) género negro
d) género neutro

521. La presentadora de televisión se encargó de .... cuando los periodistas le preguntaron sobre los rumores de una próxima película.
a) marcar distancias
b) tirar la casa por la ventana
c) hacer de su capa un sayo
d) echar su cuarto a espadas

522. Para evitar nuevos problemas con sus socios, Antonio .... su participación en el negocio.
a) sirvió en bandeja
b) hizo tiras
c) dio la espalda a
d) cortó de un plumazo

523. Visto que el negocio de la frutería ya no ...., decidieron cerrarlo antes de que la cosa fuera a más.
a) tiraba de la manta
b) daba más de sí
c) salía de cuentas
d) echaba un capote

524. El pasado domingo .... de mariscos y más de uno ha estado toda la semana de arroz cocido y limón.
a) nos dimos un atracón

b) pusimos el grito en el cielo
c) hicimos la vista gorda
d) pusimos los puntos sobre las íes

525. Esta vez no voy a permitir que sea Alicia la que .... otra vez. Ya va siendo hora de que se tenga en cuenta la opinión de los demás.
a) se meta en faena
b) se agarre a un clavo ardiendo
c) se lleve el gato al agua
d) se ponga el mundo por montera

526. Que aumenten los precios de ciertos productos que podríamos llamar de lujo, tiene un pase, pero que lo hagan en productos básicos es de ....
a) juzgado de guardia
b) armas tomar
c) toque de queda
d) que te den morcilla

527. Las inesperadas palabras de José contra su hermano .... El que más y el que menos no daba crédito a lo que estaba pasando.
a) metieron baza
b) aguaron la fiesta
c) ligaron bronce
d) echaron raíces

528. Apenas llegamos a la capital, nos informamos de todo lo que por allí se cocía. Total, que en pocos días ya ....
a) nos salíamos por la tangente
b) estábamos al cabo de la calle
c) le vimos las orejas al toro
d) nos pusimos el mundo por montera

529. Ante la nueva gota fría que se avecinaba, las autoridades .... para que a nadie le cogiera fuera de lugar.
a) sacaron pecho
b) armaron la de Dios es Cristo
c) tocaron a rebato
d) vendieron la burra

530. Si Pedro se sabe perfectamente toda la teoría, los ejercicios .... para él.
a) serán pan comido
b) serán otro cantar
c) serán harina de otro costal
d) estarán vendidos

531. Ese viñetista dibuja magníficas historietas de humor socarrón que .... del público en general.
a) cuentan con el beneplácito
b) son la carabina de Ambrosio
c) rompen la cara
d) llaman a la puerta

532. La seria lesión que sufrió el motorista le ha puesto en una difícil situación. Hasta tal punto que deberá .... para seguir adelante.
a) rascarse los bolsillos
b) hacer tilín
c) hacer de tripas corazón
d) no probar bocado

533. No nos gustaba ir a aquel bar porque el camarero que ...., se encargaba también del servicio en la barra.
a) hacía de su capa un sayo
b) tocaba las pelotas
c) se daba pote
d) llevaba las cuentas

534. Cuanto más lejos estés de los nuevos vecinos mejor. Se ve que es gente de mala ralea y te pueden ....
a) hacer fosfatina
b) dar gato por liebre
c) sacar las castañas de fuego
d) llevar adelante

535. Fue exactamente .... la movida cuando surgieron varios tipos de manifestaciones artísticas.
a) en pos de
b) al calor de
c) a flor de

d) a los pies de

536. Tu amiga Dolores anda siempre .... Basta que se le diga algo para que empiece a atacar.
a) a quemarropa
b) con la escopeta cargada
c) en seco
d) a medio gas

537. Parece que ya se empiezan a aclarar las cosas sobre el asesinato del conocido industrial. Las primeras hipótesis apuntan a .... por tráfico de drogas.
a) un golpe bajo
b) un golpe de mano
c) un cuerpo legal
d) un ajuste de cuentas

538. En apenas unas horas Pedro ya .... con la gente del pueblo. Se ve que le gusta meter las narices por todas partes.
a) ha calentado la sangre
b) se ha cerrado en banda
c) ha hecho migas
d) ha tomado el tole

539. El camino que hicimos en bicicleta corría paralelo .... los pueblos blancos de Cádiz, la conocida "tacita de plata".
a) a ras de
b) cara a
c) a la sombra de
d) a raíz de

540. Él .... de tener que coger el tren todos los días para desplazarse hasta su trabajo, así que pensaba pedir un traslado.
a) estaba hasta el gorro
b) se daba la mano
c) no daba pie con bola
d) estaba apañado

541. El último incendio que calcinó cientos de hectáreas, afortunadamente no ocasionó heridos, aunque .... fueron desalojados los vecinos de las zonas colindantes.

a) por precaución
b) en potencia
c) en ejercicio
d) a cal y canto

542. Después de presentar el trabajo de tesis el director le hizo bastantes observaciones a su doctor, ya que es de los que ....
a) hacen de su capa un sayo
b) ponen los puntos sobre las íes
c) no dan su brazo a torcer
d) siguen en sus trece

543. Estaba tan desengañado con aquella situación del alquiler de la casa, que pensó .... y ponerla a la venta.
a) hacer borrón y cuenta nueva
b) lavarse las manos
c) salir al paso
d) volverse mico

544. Ese becario estaba muy ilusionado con las promesas de su profesor, pero, al final, todo ....
a) tuvo un pase
b) se quedó en agua de borrajas
c) hizo juego
d) estaba en su lugar

545. Cuando se presentaron en su casa los amigos, Dolores tuvo que improvisar una tortilla de patatas para .... porque el frigorífico estaba medio vacío.
a) salvar los muebles
b) sacar las castañas del fuego
c) atar cabos
d) ligar bronce

546. Cada vez que sus obligaciones se lo permiten, esa pareja sale a .... por las zonas de tapas de la ciudad.
a) abrir paso
b) mirar con el rabillo del ojo

c) andarse con chiquitas
d) darse un garbeo

547. El traductor jurado nos prometió que nos haría la traducción para el fin de semana, ... se le pagara puntualmente.
a) con tal de que
b) a sabiendas de que
c) salvo que
d) de modo que

548. El que más o el que menos sabía que era la mujer del presidente quien .... de la multinacional.
a) manejaba los hilos
b) rompía el hielo
c) vivía de gorra
d) se tragaba el anzuelo

549. Procura .... a Salvador si te decides a comunicarle lo del accidente de su hermano.
a) enseñarle los dientes
b) dorarle la píldora
c) ponerle los puntos sobre las íes
d) tirarle de la lengua

550. En aquella empresa todos estaban dispuestos a .... por el más veterano de los empleados si no se resolvía su difícil situación en breve.
a) hacer de tripas corazón
b) entrar a saco
c) romper lanzas
d) tomar el pulso

551. Ten cuidado con Pedro: es muy hábil y al final acaba .... a todo el mundo.
a) hablando en cristiano
b) haciendo mutis por el foro
c) entrando en materia
d) llevando a su terreno

552. Vistas así las cosas, lo mejor será tomar una solución antes de que la situación ....
a) vaya a mayores
b) rompa el fuego
c) acabe como el rosario de la aurora
d) haga boca

553. Con la que está cayendo, ni las rebajas del verano pueden .... al comercio.
a) echarse al coleto
b) dar la espalda
c) sacar del bache
d) traer a cuento

554. Que no se diga que tú te vas a .... por no haber aprobado un examen. En la próxima convocatoria seguro que lo consigues.
a) venirte abajo
b) echar una canita al aire
c) poner tierra de por medio
d) tirar de la lengua

555. El conocido actor fue acusado de .... tras verse involucrado en un accidente de circulación.
a) conducción temeraria
b) medida de urgencia
c) prueba pericial
d) daño cierto

556. Son muchos los gobiernos que buscan una solución conjunta .... las oleadas de inmigrantes que acceden a sus territorios.
a) a raíz de
b) a merced de
c) a cargo de
d) en atención a

557. El gerente del hotel finalmente no dudó en .... y dar explicaciones muy claras del porqué de su enfado con los accionistas.
a) tirar con bala
b) rizar el rizo
c) meter baza
d) hacer tiempo

558. Ni tú ni nadie me tiene que decir lo que tengo que hacer. Soy ya bastante mayorcito y .... yo solo.
   a) me doy pisto
   b) me las apaño
   c) recojo el guante
   d) me rasco el bolsillo

559. Como el día era bastante desapacible, optamos por quedarnos en casa y .... de ajedrez.
   a) pintar bastos
   b) hincar los codos
   c) echarnos una partidita
   d) poner el listón alto

560. A tu hermano Gabriel le .... ser puntual. Siempre ha sido así y lo seguirá siendo mientras viva.
   a) cuesta un riñón
   b) sale el tiro por la culata
   c) cuesta Dios y ayuda
   d) da corte

561. En la urbanización en la que ahora vivimos .... Nada que ver con el tráfico y los ruidos del piso que teníamos en el centro.
   a) dan en la diana
   b) atan los perros con longaniza
   c) se suben a la parra
   d) se está de puta madre

562. Una tesis como la que tú piensas hacer es cuestión de años, por lo tanto piénsatelo dos veces antes de empezar a ....
   a) dar de sí
   b) marear la perdiz
   c) rodar cabezas
   d) meterle mano

563. Lo malo fue que no pudimos .... que nos tendió el hipócrita de Alberto cuando nos invitó a cenar a su casa.
   a) llamar a la puerta
   b) capear la trampa

c) pelar la pava
d) parar el carro

564. El empate era el resultado más justo de un partido que los dos contrincantes jugaron ....
a) a cara de perro
b) en seco
c) a empellones
d) a toda costa

565. No será esta la última vez que discutan por un tema. Él .... y no va a cambiar de la noche a la mañana.
a) se sube por las paredes
b) es otro cantar
c) es así
d) es todo oídos

566. La única forma para que Manuel dejara de fumar sería que por una vez ....
a) se le hiciera la boca agua.
b) diera en el clavo
c) le viera los cuernos al toro
d) pinchara en hueso

567. Ya ves que al final todo ha sido .... Hay mucha gente que te dice una cosa y después hace otra.
a) otro cantar
b) en balde
c) una prueba de fuego
d) el cuento de nunca acabar

568. Pocos eran los que tragaban a ese insoportable bedel. Si ...., ya no te soltaba.
a) salía bien parado
b) cogía la honda
c) cogía la palabra
d) ponía el broche

569. Nadie se podía imaginar que al atleta ghanés se le escapara una victoria que ....
a) no tenía pies ni cabeza
b) tenía en sus manos
c) se salía de madre
d) saltaba chispas

570. Tras su acalorada discusión con aquel policía municipal, ... para que la cosa fuera a más.
a) faltó el canto de un duro
b) tuvo las horas contadas
c) hizo trizas
d) se salió del tiesto

571. Menos mal que .... su documento de identidad, le aceptaron el permiso de conducir para poder registrarse en el hotel.
a) en defecto de
b) a efectos de
c) a ras de
d) en detrimento de

572. La cocina vasca goza de unos platos riquísimos hechos .... pescado.
a) en base a
b) en calidad de
c) en presencia de
d) a base de

573. Ya va siendo hora de que le .... a Raúl para que de una vez por todas aprenda a cumplir con su trabajo.
a) dores la píldora
b) rompas el fuego
c) saques los colores
d) sacudas el polvo

574. Como no eran muchos los que en aquel proyecto ...., el director del Departamento, al final, no lo presentó al Ministerio.
a) seguían en sus trece
b) se salían por peteneras

c) estaban por la labor
d) echaban el ojo

575. Ya que se lo pueden permitir, ellos suelen ir a restaurantes ....
a) de postín
b) en liza
c) de a pie
d) de pocas luces

576. Abocado a la operación, el alero de la selección de baloncesto tendrá que permanecer alrededor de tres meses de baja .... la intervención.
a) en pos de
b) tras
c) detrás de
d) cara a

577. Hasta que no consiguió .... a la cantidad de curiosos que le pedían un autógrafo, el nuevo fichaje del R. Betis no pudo atender a ningún periodista.
a) quitarse de encima
b) levantar la voz
c) hacer la calle
d) coger la delantera

578. No hay forma de meterle en la cabeza a tu primo que para conseguir un trabajo tiene que ....
a) ser culillo de mal asiento
b) enmendar la plana
c) mover el culo
d) verlas venir

579. Con el traslado del padre al Norte, ... a esa familia.
a) han partido por el eje
b) han cortado por lo sano
c) han hecho de tripas corazón
d) han puesto de vuelta y media

580. Era tanta la gente congregada en la plaza por la manifestación, que tuvimos que .... como Dios nos dio a entender.

a) ir por delante
b) abrirnos paso
c) enmendar la plana
d) ir de punta en blanco

581. El tema de la Declaración de la Renta siempre .... a Paco: no entiendo por qué no va a un asesor fiscal y se acabó.
a) abre brecha
b) pone el grito en el cielo
c) trae de cabeza
d) mete baza

582. Mira que yo ...., así que vete con tu historia a otra parte.
a) dejo el campo libre
b) me doy el lote
c) no comulgo con ruedas de molino
d) no dejo meter baza

583. Por si no bastara, también le dijeron que .... el montón de clases que daba en aquella escuela de idiomas, se encargara de todos los contactos con el mundo sajón.
a) a ras de
b) al calor de
c) aparte de
d) como adelanto de

584. ¡Menos mal que, ..., apareció una ambulancia por el lugar del accidente y se llevó a los dos motoristas heridos de gravedad!
a) a ráfagas
b) sin comerlo ni beberlo
c) en seco
d) cada dos por tres

585. Ese joven demuestra una gran responsabilidad en su trabajo a pesar de su edad, en otras palabras, ...
a) tiene tablas
b) se las pela
c) es un mirlo blanco
d) se pone morado

586. Cada vez que se daba un golpe, ese niño le .... para que sus padres se desvivieran por él.
a) echaba cuento
b) devolvía la pelota
c) mareaba la perdiz
d) echaba el cierre

587. ¡No te decía yo que esa película estaría en cartel más de una semana! Era algo que ....
a) se salía por las ramas
b) no tenía ni pies ni cabeza
c) estaba por los suelos
d) estaba cantado

588. La filosofía oriental, ... proponer formas opuestas de afrontar los problemas, puede llegar a complementarse perfectamente para mejorar nuestra calidad de vida.
a) en favor de
b) a prueba de
c) en materia de
d) lejos de

589. Cada vez que Quique se encuentra por la calle con un viejo amigo .... y no consigue terminar todo lo que tiene que hacer.
a) se pone como un pepe
b) se lleva la palma
c) se le va el santo al cielo
d) tira de la levita

590. Una vez en las galerías, optamos por entrar en la primera boutique que encontramos para comprarnos algo de ....
a) hilo bramante
b) ropa informal
c) tela marinera
d) tejido fibroso

591. El gordo que le ha tocado a tu tío en la lotería le .... No solo ha hecho buenas inversiones, sino que también se está haciendo una mansión con toda clase de detalles.
a) ha sentado como un tiro
b) ha hecho mella

c) ha sacado de quicio
d) ha venido como anillo al dedo

592. Cuando Marisa tiene un problema, por pequeño que sea, acaba ....
a) pisando fuerte
b) echándosele el mundo encima
c) mondándose de risa
d) rondando la calle

593. El hijo de los Gómez .... por haber sacado todo el curso con matrícula.
a) seguía en sus trece
b) entraba en materia
c) no cabía en su pellejo
d) tenía las horas contadas

594. En la casa del limonero la gente entraba .... y se llevaba todos los limones que podía.
a) a secas
b) al pairo
c) de rondón
d) de pacotilla

595. Antes de meterte en ese negocio con un futuro bastante incierto, deberías .... y pensar en las consecuencias.
a) arrojar la toalla
b) sacar la tripa de mal año
c) curarte en salud
d) vender la burra

596. En la nueva figura de prisión permanente revisable de la reforma del Código Penal, ... la cadena perpetua, si el preso demuestra estar reinsertado, podrá ser excarcelado a partir de un cierto momento.
a) a nivel de
b) en base a
c) a diferencia de
d) a efectos de

597. De no tener donde caerse muerto, ... pasó a ocupar un puesto muy importante en un partido político.
a) de la noche a la mañana

b) a hurtadillas
c) a tontas y a locas
d) al por mayor

598. Casi al final del primer tiempo la estrella del equipo visitante tuvo que salir del campo por un estiramiento muscular: estos son ....
a) los gajes del oficio
b) los chapados a la antigua
c) los de capa caída
d) los criados entre algodones

599. El traje que Ramón se compró por doscientos euros parecía ....
a) como hecho por encargo
b) del ala
c) a todo pasto
d) un pozo sin fondo

600. Cuantos más detalles tiene él con esa chica, ella más ....
a) calabazas le da
b) se rasca la barriga
c) se guarda las espaldas
d) desnuda un santo para vestir otro

601. En realidad todos los partidos políticos .... inician su andadura cargados de promesas.
a) de armas tomar
b) en bandolera
c) de nuevo cuño
d) de pura cepa

602. El líder del Mundial de motos le .... a su seguidor con una nueva victoria en el último Gran Premio.
a) cantó las cuarenta
b) sacó las castañas del fuego
c) puso tierra por medio
d) habló en cristiano

603. No sé qué tiene este coche de segunda mano que me he comprado, pero .... Cada dos por tres me deja parado en algún sitio.

a) es harina de otro costal
b) se sale del tiesto
c) es la carabina de Ambrosio
d) se las pira

604. Con Ricardo no podemos contar para que nos eche una mano en esta situación, porque en realidad ....
a) se sale con la suya
b) no tiene pelos en la lengua
c) no sabe de la misa la mitad
d) está hasta el gorro

605. En aquella casa, entre fiestas y viajes, se veía que gastaban el dinero ....
a) a todo pasto
b) sin comerlo ni beberlo
c) de carrerilla
d) de sopetón

606. Si Nacho sigue .... de un país a otro, le será difícil encontrar una relación seria.
a) mareando la perdiz
b) dando tumbos
c) cogiendo las de Villadiego
d) teniendo el santo de cara

607. Como a Rosario le .... el nuevo jefe de Estudios del instituto, intentaba evitarle cada vez que podía.
a) daba la callada por respuesta
b) daba sopas con honda
c) caía gordo
d) leía la cartilla

608. Después de muchos años como socios, al final la solución fue .... e ir cada uno por su propio camino.
a) vender la burra
b) no dar ni chapa
c) meter caña
d) cortar por lo sano

609. Ten por seguro que si has entendido bien la teoría, esos ejercicios ....
a) son pan comido
b) dejan mucho que desear
c) se las gastan
d) son de alto copete

610. Pese al aparatoso golpe del coche contra el árbol, el conductor salió ....
a) vivo y coleando
b) de mala muerte
c) de tres al cuarto
d) que se las piraba

611. Las tapas que ponen en ese bar son realmente deliciosas, de ahí que siempre ....
a) esté en vilo
b) se salga de madre
c) esté de bote en bote
d) haya caído en picado

612. Visto que más de uno empezó a ...., el moderador dio por terminado el debate.
a) salirse de tono
b) echar un capote
c) cantar las cuarenta
d) pisar los talones

613. Hay muchas opiniones sobre la obligación de llevar el casco para los ciclistas en los trayectos urbanos, pero parece que, en breve, ... con la Modificación del Reglamento de Circulación.
a) arrimarán el hombro
b) ni pincharán ni cortarán
c) se hará la luz
d) llevarán la corriente

614. Un pescado con una buena dosis de proteína como el gallo encanta a la gente por su sabrosura, ... por tener poca grasa.
a) fuera de
b) a gusto de
c) además de

d) a demanda de

615. Cuando el profesor leyó las preguntas del examen, muchos alumnos .... y, a continuación, abandonaron el aula.
a) se frotaron las manos
b) no cupieron en su pellejo
c) pusieron el listón alto
d) se quedaron en blanco

616. En el juicio para exigir la anulación del contrato de alquiler, el propietario declarará .... demandante.
a) con diferencia de
b) a reserva de
c) en calidad de
d) al compás de

617. Ramón .... de su padre, no solo físicamente sino también en el modo de comportarse.
a) es el vivo retrato
b) da en el clavo
c) está hasta el gorro
d) enseña los dientes

618. Pese a que todos sus compañeros daban por descontado que el nuevo secretario del partido sería suyo en las próximas votaciones, Miguel ....
a) volvía a la carga
b) no las tenía todas consigo
c) no se mordía la lengua
d) no se chupaba los dedos

619. La fiesta que preparó Julia en su jardín la otra noche .... Toda la gente salió hablando maravillas tanto del cóctel, como de lo bien que había cenado.
a) fue una pasada
b) trajo al fresco
c) tuvo cola
d) dio en el clavo

620. El premio Cervantes le fue concedido a Ernesto Sábato en 1984 ....
a) a toda pastilla

b) con todas las de la ley
c) al por mayor
d) a borbotones

621. Lo de vender la finca sin haber advertido a sus hermanos no se lo van a perdonar. .... porque no tiene justificación.
a) Las cogerán al vuelo
b) Se las pagarán todas juntas
c) Tendrán que ver
d) Se quedarán con las ganas

622. A Ramón le gustaba .... de que hablaba varias lenguas, pero si le llamaban para echar una mano en la agencia con algún extranjero, no se le encontraba por ninguna parte.
a) hacerse el sueco
b) tirar con bala
c) tirarse el pegote
d) probar suerte

623. Durante la comida de ayer María apenas .... Esta vez parece que, por fin, lo de la dieta lo está llevando al pie de la letra.
a) dijo esta boca es mía
b) probó bocado
c) hincó el pico
d) echó las tripas

624. Tardó tanto en salir del quirófano, que nos tuvo a todos ....
a) con el corazón en un puño
b) a rabiar
c) a palo seco
d) en un abrir y cerrar de ojos

625. Como a Ricardo le gusta tanto la filosofía, seguro que va por letras. Es un chico ....
a) de armas tomar
b) de la vieja guardia
c) de aquí te espero
d) de piñón fijo

626. No se puede tolerar que siempre que ella viene a trabajar con nosotros .... La próxima vez no la volvemos a llamar.
  a) se quite el sombrero
  b) traiga cara de viernes
  c) vaya a la zaga
  d) esté fuera de cuentas

627. .... repasaras los apuntes, podrías aprobar este examen, porque otra oportunidad como esta, no la vas a tener.
  a) Encima de que
  b) En vista de que
  c) Con que
  d) A sabiendas de que

628. .... el sector cultural, que por otra parte genera 600.000 empleos, sufrirá una reducción presupuestaria del 70%.
  a) A marchamartillo
  b) A salvo
  c) A ciegas
  d) Entre pitos y flautas

629. No vale la pena que te dirijas también al hermano de Antonio, porque uno y otro ....
  a) son de la misma cuerda
  b) arman jaleo
  c) se sacan la espina
  d) muerden el polvo

630. Después de haber vivido varios años en distintos países, para Julia hacer ese examen de lenguas fue un auténtico ....
  a) camino de rosas
  b) camino trillado
  c) camino de herradura
  d) camino de cabras

631. No he podido en toda la semana dedicarme a la traducción que me pediste, por eso ahora .... ella.

a) salgo por
b) voy a por
c) estoy con
d) me quedo con

632. Con aquellas declaraciones en el momento menos oportuno, el concejal metió la pata ....
a) hasta la coronilla
b) hasta el corvejón
c) de armas tomar
d) en punto

633. No puedo creerme que se te pasara la fecha del examen. Si no te presentaste, lo hiciste ....
a) a cosa hecha
b) a regañadientes
c) al por mayor
d) a todo pasto

634. A primeras horas de la tarde la situación llegó a ser tan crítica en algunos pueblos por las fuertes lluvias, que se requirieron los servicios de la UME (Unidad Militar de Emergencias) .... la crecida de las aguas.
a) a raíz de
b) ante
c) a efectos de
d) de cara a

635. Llevo dándole vueltas a lo que me dijiste de la relación entre Dolores y su cuñado, pero no consigo ....
a) hacer puente
b) echar el resto
c) caerme del susto
d) atar cabos

636. Sin darnos cuenta .... la noche y preferimos buscar un hotel antes que meternos en carretera.
a) se nos vino abajo
b) se nos echó encima
c) llamó a la puerta
d) hizo tilín

637. Parece mentira que un matrimonio con cuatro hijos tenga tan poca responsabilidad. Es que ni pensar .... en el futuro que les espera.
a) de marras
b) con pelos y señales
c) la tira
d) lo más mínimo

638. No creo que los tíos vuelvan a sacar a Juan del berenjenal en el que se ha metido. Ya lo hicieron una vez y ....
a) se les fue el santo al cielo
b) movieron Roma con Santiago
c) cogieron el portante
d) saltaron chispas

639. En ese partido ha salido elegido como secretario el candidato que tenía más gancho, por lo tanto, tengamos la fiesta en paz y no ....
a) nos echemos al monte
b) clamemos en el desierto
c) jodamos la marrana
d) metamos un gol

640. Mis padres .... ser de los primeros licenciados en Filosofía y Letras de su Universidad cuando todavía era un colegio universitario.
a) tienen a mucha honra
b) no hacen ni caso a
c) se echan al coleto
d) dejan caer

641. Las conferencias de ese profesor eran un verdadero ...., de ahí que el aula estuviera siempre casi vacía.
a) conejillo de Indias
b) broche de oro
c) martirio chino
d) golpe bajo

642. A raíz de la última caída del ciclista campeón, las lesiones .... él y es un cliente asiduo del hospital.
a) se las ven con

b) vienen a cuento con
c) se las arreglan con
d) se han cebado con

643. Se ve que Eduardo es un conferenciante con muchas tablas. En cada intervención .... a todo el público.
a) canta las cuarenta
b) pone el broche de oro
c) saca las castañas del fuego
d) se mete en el bolsillo

644. Desde que se conocieron en la Universidad siempre .... entre Antonio y Cristina, pero ahora parece que la cosa va en serio.
a) ha sido un paseo
b) han arrojado la toalla
c) han hincado los codos
d) ha habido buen rollo

645. Con los programas Erasmus los estudiantes se adaptan a otros sistemas educativos, aprenden a relacionarse con otras personas y a .... otras culturas.
a) empeñarse en
b) dárselas con
c) empaparse en
d) apañárselas con

646. Como el ministro no podía atender a todos sus compromisos, solía echar mano de su ....
a) agente diplomático
b) guardia de honor
c) agente de seguridad
d) sujeto agente

647. Con ese profesor es difícil hacer amistad porque es de los que prefieren .... con quien se le acerque.
a) marear la perdiz
b) hablar por los codos
c) dar el pego
d) guardar las distancias

648. Hoy Concha está que .... porque para ir al trabajo ha tenido que salir del centro al no encontrar aparcamiento por ninguna parte.
a) da la nota
b) echa chiribitas
c) no ve tres en un burro
d) no pega ni golpe

649. Después de estar sin fumar por más de un año, desde que se juntó con Fernando, Miguel .... y se fuma un paquete diario.
a) ha sacado los pies del tiesto
b) ha mareado la perdiz
c) ha vuelto a las andadas
d) ha puesto tierra por medio

650. Que no te quepa la menor duda de que será ella la que .... una vez más y todos a apencar.
a) cante las cuarenta
b) se lleve el gato al agua
c) se salga por peteneras
d) se dé a todos los diablos

651. Ella .... para que su hijo entre en la Hacienda Pública, pero hasta ahora siempre se ha quedado a las puertas.
a) se ha cubierto de gloria
b) ha tocado todos los palillos
c) ha armado la de S. Quintín
d) ha dado cuerda

652. En ese bar hay que ir a tiro fijo, porque si te andas con caprichos, te ....
a) sirven en bandeja
b) pillan por banda
c) dan el sablazo
d) hacen cisco

653. Lo que me estás contando es difícil de creer, pero en tu caso me consta que lo sabes ....
a) a palo seco

b) a vuelapluma
c) a ciencia cierta
d) al sesgo

654. Dado que las nuevas amistades que habían hecho Julia y Cristina no tenían nada que ver con su forma de pensar, las .... y así se quitaron un peso de encima.
a) llevaron a efecto
b) mandaron a paseo
c) tuvieron entre ojos
d) trajeron a cuento

655. Del golpe que le asestaron a Paco a la salida de la discoteca, no le será fácil recuperarse. Esperemos que de una vez por todas aprenda a no ....
a) escurrir el bulto
b) sacar las castañas del fuego
c) meterse en camisa de once varas
d) vivir de las rentas

656. Él es muy suyo, por lo tanto, no intentes hacerle cambiar de opinión porque lo ....
a) mandas a freír espárragos
b) sacas en claro
c) dejas en pelotas
d) tienes duro

657. Dirígete a tu jefe y preséntale tu situación, porque conociéndote como te conoce, estoy seguro de que no te ....
a) devolverá la pelota
b) volverá la espalda
c) hará la pelotilla
d) pedirá la mano

658. Al caer, al niño le .... para darse con la cabeza en la esquina de la mesa.
a) salió el tiro por la culata
b) faltó el canto de un duro
c) le dieron esquinazo
d) hicieron la rosca

659. Cuando ella tiene una idea fija .... y llega hasta donde tenga que llegar.
a) se pone el mundo por montera
b) hace de tripas corazón
c) ata cabos
d) rompe el hielo

660. Como esos estudiantes Erasmus eran muy simpáticos no tardaron en .... a todos los vecinos de la comunidad.
a) meterse en el bolsillo
b) pillar por banda
c) hacer el juego
d) elevar a los altares

661. Ya va siendo hora de que tu cuñado empiece a ....: cada vez que le veo, no me sabe hablar de otra cosa que de la congelación de los sueldos.
a) subirse a la parra
b) estirar la pata
c) cambiar de disco
d) sacar partido

662. Son muchos los redactores de periódicos que trabajan actualmente para todos los dispositivos de distribución: papel, ordenador, tabletas y teléfonos móviles. Es un proceso que .... puede lograr una válida integración.
a) a la larga
b) a lo lejos
c) de uvas a peras
d) al pie de la letra

663. Al final solo la gente .... cumplió lo pactado, por lo que no tuvimos más remedio que hacer un pequeño sacrificio para seguir adelante.
a) de a pie
b) de armas tomar
c) de alta alcurnia
d) de palabra

664. Esta vez sí que el presentador de televisión .... con su pregunta al ministro, ya que este se quedó sin saber qué contestar.
a) puso el dedo en la llaga

b) se soltó la melena
c) tuvo un pase
d) vendió la burra

665. Desde que ...., a Julián empezaron a irle mejor las cosas.
a) se soltó la melena
b) metió el remo
c) se pilló los dedos
d) las pasó negras

666. No eran muchos los clientes que entraban en ese restaurante porque el dueño les ....
a) rizaba el rizo
b) rondaba la calle
c) caía gordo
d) hacía mella

667. Me parece que hoy te toca a ti ...., porque el otro día fui yo quien pagó el desayuno.
a) rascarte el bolsillo
b) pagar los platos rotos
c) lavar la cara
d) enmendar la plana

668. A la última reunión de la comunidad de vecinos se presentó ....: se ve que eran muchos los temas de interés.
a) ni pincha ni corta
b) al por mayor
c) todo Dios
d) de perlas

669. Ese profesor tenía tanta inseguridad encima que cada vez que un alumno le hacía una pregunta, ...
a) daba el pego
b) se salía por los cerros de Úbeda
c) cogía la puerta
d) se le caía la baba

670. De una forma u otra tu prima siempre .... Ya va siendo hora de que alguien le pare el carro.

a) hinca los codos
b) paga el pato
c) se sale con la suya
d) estira las piernas

671. El famoso director de cine Martín Patino presentó en el Festival de Valladolid, ... concurso, un emocionante documental donde rescata los momentos que se vivieron en torno al 15-M en 2011.
a) fuera de
b) más allá de
c) a ras de
d) en pos de

672. De entre todos los conocidos que me estás nombrando, si hablamos de auténticos amigos, solo .... apenas dos.
a) hago por
b) tiro por
c) me quedo con
d) doy con

673. En su nuevo trabajo Antonio ha vuelto a .... Está más que probado que es culillo de mal asiento.
a) andarse por las ramas
b) sudar la gota gorda
c) dar cuerda
d) pinchar en hueso

674. Ya verás cómo con Isabel podemos contar para recoger setas. Ella es de las que ....
a) se echa encima
b) hace el juego
c) se apunta a un bombardeo
d) viene al caso

675. Esta nueva maleta .... para ir de viaje. Al menos esta vez sí que he acertado.
a) pasa de un extremo a otro
b) se queda como una pasa
c) va que chuta

d) deja mucho que desear

676. En el último premio Goya se encontraba .... de los actores españoles.
a) el quinto pino
b) el no va más
c) el oro y el moro
d) la sal y pimienta

677. Esta vez sí que podemos afirmar que hemos acertado .... en el alquiler de la casa: a un paso del centro y en una zona tranquila.
a) en seco
b) a ciencia cierta
c) por encargo
d) de pleno

678. Sea el día que sea el catedrático de latín viene ....: cuida al máximo todos los detalles en su forma de vestir.
a) de número
b) hecho un brazo de mar
c) de diseño
d) cubierto de gloria

679. Visto que no encontrábamos .... para reposar en toda la carretera comarcal, tuvimos que desviarnos para salir a la autopista más próxima.
a) un buzón de correos
b) un estación de servicios
c) un buen bocado
d) una casa cuartel

680. Después de más de dos años fuera de los escenarios, la gran actriz madrileña .... con la inauguración de la temporada.
a) ha vuelto por sus fueros
b) se ha mojado el culo
c) ha seguido la corriente
d) ha salido al encuentro

681. ¡Vaya sorpresa que nos hemos llevado con Miguel! Al final ha resultado que es .... de mucho cuidado.

a) un vivalavirgen
b) un buscapleitos
c) un farolero
d) un mosquita muerta

682. Como en el campo de la construcción .... en estos momentos, ningún promotor se atreve a financiar una obra.
a) dan la callada por respuesta
b) están a partir un riñón
c) dan la talla
d) pintan bastos

683. Nuestro asesor nos dijo que .... días nos tendría arreglada toda la documentación para el visado.
a) a nivel de
b) en vista de
c) en cuestión de
d) a raíz de

684. En la rueda de prensa el ministro de Educación, Cultura y Deporte .... en más de una respuesta, optando incluso por la ironía.
a) se comió el tarro
b) se salió por la tangente
c) fue todo oídos
d) mató el gusanillo

685. La llegada del nuevo director .... a todos los empleados del hotel, ya que en poco tiempo se ha notado una mejoría.
a) ha echado el resto
b) ha dado alas
c) ha tumbado de espaldas
d) ha dado una lección

686. El profesor no .... a sus alumnos: apenas terminaba de explicar un tema, les hacía un examen para comprobar el nivel alcanzado.
a) mandaba a la porra
b) daba tregua
c) ponía de chupa de dómine

d) exageraba la nota

687. Si hubierais pedido .... por la sopa de mejillones que no sabía a nada, seguro que no os la ponen en la cuenta.
a) la carta certificada
b) la puesta a punto
c) la hoja de reclamaciones
d) la hoja de servicios

688. Después de muchas horas de negociaciones para intentar llegar a un acuerdo, volvimos a regresar ....
a) a disgusto
b) a cosa hecha
c) con las manos vacías
d) a fondo

689. Lo de Manuel con su secretaria es cosa suya, así que no ....
a) marees la perdiz
b) te metas en camisa de once varas
c) des largas
d) marques el paso

690. Hoy día la informática es uno de los requisitos imprescindibles para .... por la vida, ¿no te parece?
a) abrirse camino
b) subirse los humos
c) irse al traste
d) dar por el saco

691. Deberíamos ir pidiendo ya las copas y el café, ... hemos terminado todos con los postres y los camareros están más tranquilos.
a) si bien
b) ahora que
c) a sabiendas de que
d) conque

692. Desde que el hijo de los Alcaraz ...., no hay quien lo vea por casa, ya que apenas entra, se engancha al móvil y sale pitando.

a) se soltó el pelo
b) se abrió camino
c) mató el gusanillo
d) levantó ronchas

693. De los cinco libros que nos trajo el representante para el instituto, solo el primero ...., del resto mejor no hablar.
a) salía adelante
b) hacía los honores
c) tenía un pase
d) pintaba bastos

694. Siendo tan ...., no creo que valga la pena volver a repetirle que se trata de una oportunidad única para él.
a) hijo de papá
b) corto de entendederas
c) mosquita muerta
d) de la acera de enfrente

695. Para poder darle a esa pobre mujer una noticia como la del accidente mortal de su hijo, había que ....
a) pasar por el aro
b) revolver Roma con Santiago
c) tener agallas
d) comerse el coco

696. Como Antonio no quiere tener ...., nunca se ofrece para echar una mano a los demás.
a) cargo de conciencia
b) responsabilidad limitada
c) un nudo en la garganta
d) las cuentas del Gran Capitán

697. Aunque no todos los pronósticos eran favorables a España en la final del campeonato europeo de fútbol, la verdad es que la selección ganó ....
a) con solvencia
b) por los pelos
c) de refilón
d) de sopetón

698. En la última asamblea de estudiantes dejaron claro que no estaban dispuestos a .... y que, por lo tanto, lucharían hasta las últimas consecuencias contra la reforma.
a) ser carne de cañón
b) vender la burra
c) echarse al monte
d) arrimar el hombro

699. Parecía que en aquel negocio todo iba ...., pero la verdad es que apenas había entradas para hacer frente a los gastos.
a) de trapillo
b) haciendo eses
c) al grano
d) como la seda

700. Desde que trabaja en la venta de productos farmacéuticos, Pedro está ganando dinero ....
a) a mano armada
b) a rajatabla
c) en efectivo
d) a manos llenas

SOLUCIONES

Conscientes de que en algunos ejercicios resultan posibles varias soluciones, hemos optado por la que presenta más frecuencia de uso, o por la que según el contexto parece más adecuada.

1. c	2. d	3. a	4. c	5. a	6. b
7. d	8. b	9. b	10. c	11. d	12. d
13. c	14. a	15. c	16. c	17. c	18. a
19. d	20. d	21. c	22. a	23. d	24. b
25. a	26. c	27. a	28. c	29. d	30. a
31. c	32. a	33. d	34. d	35. d	36. b
37. a	38. a	39. c	40. b	41. b	42. d
43. d	44. c	45. b	46. b	47. c	48. d
49. a	50. b	51. a	52. b	53. c	54. b
55. c	56. d	57. a	58. c	59. d	60. b
61. d	62. c	63. b	64. c	65. a	66. d
67. a	68. d	69. d	70. c	71. d	72. a
73. c	74. a	75. b	76. c	77. c	78. a
79. b	80. b	81. d	82. b	83. a	84. b
85. c	86. d	87. b	88. a	89. d	90. d
91. b	92. d	93. b	94. c	95. d	96. d
97. a	98. d	99. a	100. a	101. b	102. c
103. c	104. d	105. c	106. b	107. b	108. a
109. a	110. d	111. a	112. b	113. a	114. b
115. a	116. c	117. d	118. b	119. d	120. b
121. a	122. b	123. a	124. d	125. b	126. a
127. b	128. b	129. a	130. c	131. c	132. a
133. b	134. b	135. b	136. b	137. d	138. b
139. c	140. c	141. a	142. c	143. b	144. a
145. c	146. b	147. d	148. c	149. b	150. a
151. a	152. b	153. b	154. d	155. b	156. a
157. a	158. b	159. b	160. c	161. d	162. b

163.c	164. a	165. a	166. c	167. a	168. b
169.d	170. b	171. c	172. d	173. a	174. b
175.d	176. b	177. d	178. b	179. a	180. a
181. c	182. c	183. a	184. a	185. a	186. a
187. b	188. b	189. a	190. a	191. d	192. b
193.a	194. b	195. c	196. c	197. c	198. a
199.b	200. b	201. d	202. c	203. a	204. b
205.c	206. a	207. a	208. c	209. b	210. c
211. c	212. d	213. c	214. a	215. b	216. c
217. c	218. d	219. b	220. c	221. a	222. b
223.a	224. a	225. c	226. a	227. c	228. a
229.c	230. a	231. c	232. c	233. a	234. b
235.c	236. a	237. b	238. c	239. d	240. a
241. a	242. c	243. d	244. b	245. a	246. c
247. d	248. b	249. b	250. b	251. d	252. a
253.d	254. b	255. b	256. a	257. b	258. a
259.b	260. d	261. c	262. b	263. d	264. a
265.c	266. a	267. d	268. c	269. b	270. c
271. a	272. a	273. b	274. c	275. d	276. c
277. a	278. c	279. a	280. b	281. a	282. d
283.b	284. b	285. c	286. a	287. d	288. c
289.b	290. b	291. c	292. b	293. d	294. c
295.c	296. a	297. c	298. a	299. b	300. b
301. d	302. a	303. d	304. b	305. a	306. b
307. d	308. a	309. a	310. b	311. b	312. c
313. a	314. c	315. a	316. a	317. b	318. c
319. c	320. c	321. a	322. a	323. a	324. d
325.c	326. d	327. b	328. b	329. c	330. b
331. c	332. a	333. d	334. b	335. c	336. c
337. c	338. b	339. a	340. d	341. b	342. a
343.c	344. c	345. d	346. b	347. a	348. b
349.c	350. c	351. c	352. d	353. b	354. b
355.a	356. c	357. a	358. c	359. d	360. d

361. a	362. a	363. c	364. a	365. a	366. b
367. b	368. a	369. c	370. a	371. c	372. d
373. c	374. a	375. a	376. b	377. c	378. b
379. c	380. b	381. d	382. c	383. b	384. d
385. c	386. a	387. b	388. a	389. c	390. c
391. b	392. a	393. d	394. b	395. b	396. a
397. a	398. d	399. c	400. c	401. d	402. b
403. a	404. a	405. c	406. a	407. d	408. a
409. c	410. a	411. b	412. b	413. c	414. b
415. a	416. b	417. a	418. b	419. d	420. b
421. a	422. d	423. b	424. d	425. a	426. b
427. a	428. d	429. b	430. c	431. a	432. d
433. c	434. b	435. a	436. b	437. b	438. c
439. b	440. a	441. c	442. b	443. b	444. d
445. b	446. a	447. b	448. d	449. c	450. c
451. b	452. b	453. c	454. a	455. d	456. d
457. a	458. d	459. b	460. a	461. c	462. b
463. a	464. b	465. b	466. a	467. b	468. d
469. b	470. d	471. b	472. a	473. b	474. c
475. b	476. b	477. a	478. a	479. a	480. a
481. b	482. d	483. b	484. b	485. b	486. a
487. b	488. d	489. b	490. b	491. a	492. c
493. b	494. a	495. a	496. b	497. b	498. a
499. a	500. a	501. d	502. b	503. b	504. a
505. b	506. a	507. c	508. a	509. c	510. d
511. a	512. b	513. b	514. d	515. a	516. c
517. b	518. b	519. d	520. c	521. a	522. d
523. b	524. a	525. c	526. a	527. b	528. b
529. c	530. a	531. a	532. c	533. d	534. a
535. b	536. b	537. d	538. c	539. c	540. a
541. a	542. b	543. a	544. b	545. a	546. d
547. a	548. a	549. b	550. c	551. d	552. a
553. c	554. a	555. a	556. a	557. a	558. b

559.c	560.c	561.d	562.d	563.b	564.a
565.c	566.c	567.b	568.c	569.b	570.a
571.a	572.d	573.c	574.c	575.a	576.b
577.a	578.c	579.a	580.b	581.c	582.c
583.c	584.b	585.c	586.a	587.d	588.d
589.c	590.b	591.d	592.b	593.c	594.c
595.c	596.c	597.a	598.a	599.a	600.a
601.c	602.c	603.c	604.c	605.a	606.b
607.c	608.d	609.a	610.a	611.c	612.a
613.c	614.c	615.d	616.c	617.a	618.b
619.a	620.b	621.b	622.c	623.b	624.a
625.d	626.b	627.c	628.d	629.a	630.a
631.c	632.b	633.a	634.b	635.d	636.b
637.d	638.b	639.c	640.a	641.c	642.d
643.d	644.d	645.c	646.a	647.d	648.b
649.c	650.b	651.b	652.c	653.c	654.b
655.c	656.d	657.b	658.b	659.a	660.a
661.c	662.a	663.d	664.a	665.a	666.c
667.a	668.c	669.b	670.c	671.a	672.c
673.d	674.c	675.c	676.b	677.d	678.b
679.b	680.a	681.d	682.d	683.c	684.b
685.b	686.b	687.c	688.c	689.b	690.a
691.b	692.a	693.c	694.b	695.c	696.a
697.a	698.a	699.d	700.d		

Thanks to Freepik.com, Pexels.com, Burst.com for the images in this book and on the cover.

CPSIA information can be obtained
at www.ICGtesting.com
Printed in the USA
BVHW091422290421
606132BV00004B/836